Ediciones la Platea

Dirección y coordinación : José Romero Muñoz
Primera Edición de 2020
ISBN: 9798713094348

Homenaje Mundial Virtual en Facebook a Miguel Hernández

110 ANIVERSARIO DEL NACIMIENTO DE MIGUEL HERNÁNDEZ

Aitor L. Larrabide

Director de la Fundación Cultural Hernández

El pasado día 30 de octubre Miguel Hernández hubiera cumplido 110 años, si la derrota de la República en la Guerra Civil no se lo hubiera permitido. El principal objetivo de las actividades impulsadas desde la Fundación Cultural Miguel Hernández es reflexionar con serenidad y objetividad en las huellas de su obra y en la vigencia de la misma, sin olvidar esa línea subterránea, íntima, de homenaje, que inunda, desmesuradamente, los apenas doce años de intensa y apasionada escritura. Quizás en ningún otro autor podemos conmovernos hasta el tuétano, desde quien apenas tiene formación hasta el erudito (siempre y cuando éste abandone la solemnidad, como dijo Miguel Hernández en un memorable verso), y los hernandianos, por encima de estudiosos somos fervorosos lectores que nos emociona releer los tristes y esperanzadores a la vez poemas del *Cancionero y romancero de ausencias*, o los vibrantes sonetos amorosos de *El rayo que no cesa*, o los reivindicativos de *Viento del pueblo*, o seguir su enamoramiento con Josefina Manresa (sin que caigamos en el extremo y folletinesco "salsa rosa" literario). Todos los sentimientos están ahí, y toda la fuerza de la naturaleza, sencilla y profunda a la vez. Personalmente, siguen emocionándome, después de algunos años ya entregado a su estudio, los poemas dedicados a su primer hijo muerto. Y, como gustaba decir a Antonio Buero Vallejo, me son indiferentes, en ese momento, los sesudos libros publicados, las controvertidas e intelectuales teorías, todo, porque entonces estamos solos Miguel Hernández y yo, la magia de la lectura trae consigo un estremecimiento que convierte en esencial el tiempo. Entonces, sé que Miguel Hernández, más allá de los lógicos cambios sociales que han transformado nuestro país, seguirá siendo altavoz de las reivindicaciones de justicia, igualdad y fraternidad, y formando parte de nuestras vidas, más allá del necesario estudio crítico. Y es que en esta España en crisis (económica, social, en definitiva, de valores), la poesía es hoy, más que nunca, fundamental porque nos permite transformar lo que no nos gusta, dejar volar el corazón y la imaginación, seguir aspirando a que nuestros sueños guíen nuestros pasos y desterrar para siempre prejuicios y otras malas hierbas.

En resumen, el canto de Miguel Hernández representa, en nuestra opinión, la lucha de todo un pueblo por recuperar la libertad perdida y ser portavoz de las alegrías y desgracias colectivas, por encima de la indudable calidad literaria de su obra, un poeta necesario que seguirá acompañándonos como lo hace, en mi caso, desde los 16 años, más allá de conmemoraciones de efemérides. Y espero que también os siga acompañándoos a todos/as vosotros/as, a los/as que os une un mismo canto vibrante y emocionado.

En un tiempo en el que no hay certezas, ni abrazos, ni besos, ni el calor de la cercanía corporal, la poesía de Miguel Hernández nos permite, gracias a la Asociación Cultural, Literaria y de Teatro La Platea, de la localidad valenciana de Quart de Poblet, promovida por los incansables José Romero Muñoz y María José Gómez Balastegui, sentir mucho más cálida y cercana la voz de nuestro oriolano universal, ahora más necesaria que nunca.

Con esta activa asociación hemos colaborado, en la Casa Museo del universal poeta oriolano, en un recital y la presentación del libro *Voces del Mediterráneo a Miguel Hernández* el 11 de mayo de 2019, así como en el I Homenaje Virtual a Miguel Hernández el pasado 16 de mayo, en pleno confinamiento, y, más recientemente, con la excusa del 110 aniversario de su nacimiento, el sábado 24 de octubre, en la Biblioteca Pública Municipal "María Moliner", con poetas de distintas localidades, convirtiendo en esperanza los versos esperanzadores de quienes nos han querido acompañarnos, en este año difícil. Mientras haya poesía, habrá esperanza.

Ahora, con esta nueva publicación, se ensancha el corazón de este colectivo cultural con el pueblo natal de Miguel Hernández y lo abraza con poesía escrita desde todos los confines de España, aventurando una esperanzada primavera.

HOMENAJE MUNDIAL VIRTUAL
A MIGUEL HERNÁNDEZ
110 AÑOS DEL NACIMIENTO
SEPTIEMBRE Y OCTUBRE DE 2020

Quiero empezar por agradecer a la fundación Miguel Hernández y a su director **Aitor Larrabide** por su apoyo.

También al teniente Alcalde José Aix del Ayuntamiento de Orihuela y a todos ustedes compañeros y amigos que han participado en Facebook y en Orihuela .Estamos en unos momentos difícil para seguir con la cultura, pero no podemos quedarnos parados hay que continuar. **Este homenaje a Miguel Hernández por los 110 años del nacimiento se empezó en Facebook en septiembre y terminó en Orihuela con un evento presencial**

 Hemos tenido más   500 participantes más 1,600 reacciones al homenaje con me gustas, poemas comentarios, videos etc en este tiempo, aunque no han dejado de seguir participando en la pagina.. Más 120 poemas a Miguel Hernández de participantes, más 80 poemas de Miguel Hernández, varios video youtube de poemas musicalizados, 15 videos youtube recitando poemas a Miguel Hernández o de Miguel Hernández.   Han participado 64,6 % de mujeres 35,2 % hombres y personas de 15 países.. La mayoría de poemas dedicados a Miguel Hernández por los participantes son los que están en esta antología que enviaremos a la Fundación Para mí, siempre es un honor coordinar eventos o antologías a Miguel Hernández y mientras pueda seguiré adelante, creo que es necesario tener al poeta siempre vivo , para que tenga el lugar de los poetas universales , **y no se quiten su nombre a las calles ni poemas en lugares públicos**

Muchas gracias   José Romero

Escultor de palabras

Se deslizó entre las palabras libres
caminó entre pensamientos e ilusiones
vivió entre los laberintos de pólvora,
con un fusil a la espalda y un lápiz
en tu mano que plasmaban
tus sufrimientos y alegrías,
te encerraron cortando tu libertad.
y menospreciaron toda tu valentía.
En un papel nacieron ríos de versos
en tu corazón encerraste los sentimientos
y el llanto fue contenido en tu pluma
agarrada por la esperanza que te sostenía.
Hombre de campo, libre de sensaciones
atrevido en decisiones y palabras:
no renunciaste a volar
con el papel y la tinta como aliados.
Dejaste plasmado tu persona y delirios
sin olvidar una mujer y un niño,
que te dieron fuerzas contra el destino.
Mirando las estrellas cambiaste las noches
cabalgando entre poemas con gallardía
sin darle la espalda a la lucha
que sin escrúpulo un general pretendía.
Amarraron tus manos y condenaron tus días :
Miguel, Miguel, Miguel Hernández,
nos quedamos sin hombre y sin poeta
te marchaste rodeado del gris de unas paredes
y quedaron tus secretos, legado para hoy
en un mundo por ti soñado.
Con los rayos temblaron las palabras
tu lápiz se quedo parado y dejó de latir
y el papel se lleno de lágrimas del cielo
difuminada en la tierra de Orihuela.

Miguel, Miguel, Miguel Hernández:
hombre de pensamientos libres y sencillos
escultor de palabras y versos,
soltaste al aire tu versos de justicia
como poeta del pueblo que fuiste,
tu alma vivirá siempre con los grandes
mi querido y amado compañero,
nos veremos un día en el almendro de nata
o debajo de tu higuera para compartir
tus poemas y tu persona.

Hasta siempre Miguel Hernández

José Romero

yoossett

A MIGUEL HERNÁNDEZ
"Vientos del pueblo"

Busco el marco perfecto para mis palabras
en la muerte del hermano,
en el aliento caliente y fuerte de la esperanza.
"Poesía de la guerra"
versos que brotan de la sangre humilde y roja de mi pueblo
para que yo, su poeta, los agrupe, los recoja,
los encuadre
y en eterna rúbrica a mi compromiso,
aún después de muerto los renueve;
los cuelgue sobre las cabezas nubladas de nuestros opresores
para que su tinta dulce sangre
caiga como lluvia ácida sobre sus frentes
y la culpa les queme las entrañas.
"Vientos del pueblo"
espirales que recogen los sentimientos patria de sus gentes
pisoteados por la injusticia,
por la violenta sinrazón de los gobiernos,
que yacen a millones en el suelo de sus ciudades,
en sus caminos de piedra,
en las flores de sus cunetas,
en las aguas turbias del progreso;
en las faldas arrugadas de tanto horror, de sus montañas;
en sus campos áridos ahora, exuberantemente vivos antes;
torbellinos de conciencia justiciera
republicana y libre, que los levantan
y los depositan a toneladas en el centro del hemiciclo .
Poemas que se declaman desde la vida y muerte,
pasado y presente de un pueblo
que reclama una constitución igualitaria,
no dominante, no clasista, no excluyente:
su "Poemario de Leyes".

Josefina Llorente

Homenaje al poeta Miguel Hernández
Miguel Hernández,

"¿ Quién te ha visto y quién te ve?"maestro de luces y
sombras,
aprendiz del vivir invisible.
Por las años robados a la juventud no disfrutada
vuela tu desconsuelo entre orillas atrincheradas
proyectándose la figura de un joven atemporal,
del 36 o del 27 ¡qué más da!
que con sus versos recorre los huecos
de nuestras cuevas inexploradas.
"Sombra de lo que eras", guardián de la eterna juventud,
no fueron suficientes los días que te regalaron,
cual migajas hambrientas de vida,
pero aún así, entraste en los corazones ninguneados, y la
esperanza se enamoró de ti.
Voy a dejar que me lleven los aires de tu Orihuela hasta
encontrarte en sus calles,
para sentir al poeta haciéndose grande en las voces de otros
poetas,
hasta espantar a la muerte asesina que tan pronto te llevó,
y saberte vivo en todos nosotros, y los que vengan después,
que se harán eco del hombre y del poeta latiendo
acompasado,
bajo los cielos abiertos de la memoria abanderada.

Ana Tejera Aguiar

En memoria de
Miguel Hernández

"Que tenemos que hablar muchas cosas, compañero
del alma, compañero".
…"Que tenemos que hablar de muchas cosas *"*

Antes que las cenizas ateridas
invadan nuestro tiempo silencioso,
y las palabras enmudezcan frías.
Porque se irá tu mano turbadora
y llevará con ella tus caricias,
"y el almendro de nata" será un manto
que cubrirá de llanto nuestras vidas.
Habrá un rumor de fuentes rumorosas,
una lluvia serena en las encinas,
una bruma velando las palabras,
y un sollozo después de tu partida.
Un tenue resplandor, allá a lo lejos,
nos dará la esperanza presentida,
colmando algún vacío, que en el alma,
busca la sanación de una sonrisa.

Conchita Ortega

Muchachón de Orihuela
Cuya estatua se levantará un día
En su dormida tierra
Pablo Neruda

Cuquis Sandoval Olivas
País: México

Recogiendo los pedazos de tu alma
Tu nombre "Miguel"
Como el arcángel: lideraste la defensa de tu patria
Tu armamento: el lenguaje
Tu escudo: la poesía
I
Como el escritor Miguel de Cervantes
Encontraste el refugio en tus letras
La libertad en su expresión literaria
concatenando el arte de comunicación
Como el pintor: coloreaste tus versos con melancolía
Teñiste tu sendero con el pincel del reclamo
A las injusticias y barbaries cometidas
II
Aprendiste con los grandes de tu tiempo
A sacar letras e impulsar su vuelo
Plasmando dudas, quebrantos y recelos
Salpicando los confines de tu cielo
III
El régimen franquista estaba en su apogeo
como "El rayo que no cesa"
dejaste oír el "Llamo a la juventud"
a no permanecer "sentado sobre los muertos"
La "Imagen de tu huella"
cual "silbo vulnerable"
plasmaste en la "Elegía de Ramón Sijí"
que en plena juventud

le truncaron su sendero
En "Cancionero y romances de ausencia"
vertiste lágrimas de sangre
diciendo: "Por las calles voy dejando…
pedazos de vida mía…
El "Perito en lunas"
te concedió de vida tres décadas de primaveras
preso, sentenciado
pena de muerte conmutada por prisión perpetua
IV
Perdiste la libertad tan añorada
pero, la prisión, no es una mente encadenada
la fuerza de tu pluma tomó empuje, coraje
Nacieron los cuentos a tu hijo Manolillo
"El conejito", "Un hogar en el árbol", "El ovillo rojo"
en homenaje póstumo,
esta producción es conocida
además de poesía, dejaste narrativa
Es tanto tu legado
tomo prestados retazos de memoria
fragmentos de tu historia
versos diseminados de tu obra
V
Por las calles voy dejando
Juventud que no se atreve
Que se han callado en dos meses
"Tristes guerras"
Cuerpos de sometidos y alto lomo
El odio se amortigua
¡Vida! ¡Muerte! ¡Amor!
El corazón de exasperadas fieras
Saltan y desembocan sobre la luz herida
Sangre que no se desborda
Aparece la hoz igual que un rayo
Aquí echaremos raíces
Constelaciones crueles

Tanto dolor se agrupa en mi costado
Sangre que no se desborda
Huesos inflamados
la carne aleteate
Pedazos de vida mía
Venidos desde muy lejos
Porque soy como el árbol talado que retoña
La frialdad se abalanza
La muerte se deshoja
En humanos hiciste entrar combates
Porque el rosal no teme a los cañones
Reliquias de mi cuerpo se pierde en cada herida
Y se esfuman en viento del pueblo.

Cuquis Sandoval

MADRUGAR DEL TIEMPO

Las llagas de tu ser interno
pelearon sus propias batallas
la verdad te cubrió de gloria.
Te negaron las letras
pero aprende el hombre de su miseria
como necesita el aire que respira.
Guiado por los grandes
en tus venas juveniles
legado de historia y poesía.
.

Amor a la tierra enraizada
rugido de tus impulsos
caminó en sedienta lucha.
Encadenada tu libertad
murió a pausas la sabiduría
como se agotaban las células vivientes.
La sangre se hizo fuerte
en ese madrugar del tiempo
el pasado es presente.
El recuerdo imborrable
la gloria imperecedera
los poemas eternos.

AUTORA: YENY TEJADA
AREQUIPA, PERÚ.

Vayan estos versos como muestra de mi adoración por un hombre que sufrió el desmedido rigor paternal que le impidió estudiar y le ordenó dedicarse al pastoreo. Un hombre hecho de dolor, pasión, sangre, hambre y cebolla. Un hombre grande que sintió miedo y al que no dejaron vivir lo suficiente para, a pesar de ser Perito con veintitrés años de edad, doctorarse en "lunas", cum laude. A pesar de todo, logró en tan sólo treinta y un años de vida lo que otros no podrían en siglos : pasar a la historia y ser recordado como uno de los grandes poetas en lengua castellana.

Ahí van mis humildes lunas en tu honor, querido y admirado Miguel.

LUNAS DE COLORES.

¡Ay mi luna, blanca luna!
luna llena de fulgor,
luces del niño en su cuna
que viajan de rama en rama
por un bosque de ilusión,
lanzando rayos de plata
directos al corazón.
¡Ay mi luna, negra luna!
la del preso en su prisión,
luna delgada entre bruma,
de la traición el testigo
en mares de perdición,
eres la luz del proscrito
y el faro del desamor.
¡Ay mi luna, verde luna!
luna de verde limón,
eres hilo conductor,
a veces siendo la musa
y en otras siendo el actor,

porque también te enamoras
de tanto ver el amor.
¡Ay mi luna, roja luna!
Cuando brillas en el cielo
todo cambia su color
y tu luz derrite el hielo,
suenan toques de guitarras
y reviven sus rasgueos
tus idilios de pasión.
Fuiste tú perito en lunas,
mas sin tiempo para amarlas...
Recibes su suave beso
mientras ufanas se alejan
y, muy lento, poco a poco,
se va apagando la voz
de su vieja risa llena.

José Ángel Castillo
(Inscrita en RTPI de Murcia)

CANTA NIÑA, CANTA
A la memoria de Miguel Hernández

Es hora de llamarte, sin nombrarte.
A ti, tierra que miras y declaras
ser humilde y sencilla, tan pequeña.
Que se fijara en ti te hace grande.
Tienes un gran tesoro en tus adentros:
campos de olivos, frutos por millares,
que nadie cuenta pero son el sello,
cantados por su boca, universales.
Ellos que sueñan en su propia nana
y la tierra trabaja silenciosa.
Niña, sonríe al día que se anuncia.
Toma la calle, digna de su amor
y canta niña, canta, eleva el canto.
Devuévele la luz y voz negadas.

© Mabel Zaves

HOMENAJE MUNDIAL VIRTUAL

Al poeta Miguel Hernández
100 años de su nacimiento.
Pellejo de carnero
Mi pellejo de carnero
me ha protegido.
Siento la frigidez del encierro.
Palpo la indiferencia de la injusticia.
Innumerables veces
me ha protegido
del frío invernal, de las heladas,
de los aguaceros,
mi querido pellejo de carnero.
Y reaparece
la frialdad de la monotonía
lo helado de la indiferencia,
el moho en las paredes
de la celda.
Soy poeta.
Soy Miguel Hernández
necesito cómo nunca
el pellejo de carnero
y extraño el calor
de la Humanidad.
Mi celda
En mi celda
destacan las rejas,
la triple frialdad de las paredes
y el techo enmohecido..
En la celda
Habitamos cinco personas.
Vivimos el deshielo de la monotonía.
Sentimos la injusticia cómo
miles de bocas que nos muerden.
Un interminable callejón

da con la celda,
donde convivimos cinco presos.
Nuestro delito,
nuestra culpabilidad
amar España...
Nos sentenciaron,
nos condenaron
por ser pueblo.
Reclamamos justicia
y nuestra libertad.

Luis Alva Ampuero.
Poeta hispano-peruano.

Getafe.
España

HOMENAJE MUNDIAL VIRTUAL AL POETA
MIGUEL HERNÁNDEZ
En sus 110 años del nacimiento.
Organizado por el poeta José Romero.
Autora: SoniArmenta.
Écija (Sevilla)

CABRERO DE RAZA Y CIELO
Tú, el ruiseñor de un aire
que sangró en tu pecho versos,
hambre pobre de justicia,
hombre de pan y centeno.
De sol y callos tus manos,
de luz y monte tu sueño,
de rabia y llanto te siento,
cabrero de raza y cielo.
Sangre incansable caliente,
voz rebelde y trigo bueno,
brisa del pueblo valiente:
aún retumba el firmamento
dentelladas de un lamento
que lloraste tan adentro
que estremece, a su recuerdo,
la tierra y el mismo viento.
Como un soplo nuevo serás,
que mece el aceitunero,
llave que cuelga del cuello
del viejo niño yuntero,
herencia de libertad
que trajo tu corto vuelo.
Vencido amor, ya descansa,
corazón de terciopelo,
tú, que te alzas sobre el llanto
con alma de colmenero:
¿Me escuchas? Mil gracias, vida,
poeta, cantor, compañero.

Joven ruiseñor, que aún tierno,
voló sobre el mismo infierno,
con la esperanza en un templo,
cantando al último aliento:
Muerto pero siempre libre,
libre hasta después de muerto,
de obra, vida y pensamiento,
vivirás en la memoria,
dueña eterna de tus versos.

Sonia Rodríguez González

HOMENAJE MUNDIAL
VIRTUAL AL POETA
MIGUEL HERNÁNDEZ
En sus 110 años de nacimiento
Organizado por el poeta
José Romero

ALAS DE LIBERTAD
Llegó para quedarse
Gran poeta de todos los tiempos,
La vida lo atrapó entre letras
Riqueza dejada en cada poema.
De niño aprendió
Que la vida no era sólo juego,
Le tocó a fuerza crecer
Dejar las clases y el salón.
Sin entender los designios,
A su madre vio morir
Cuál criatura indefensa,
Solo en el mundo quedó
Sin el cariño de mamá.
En pastor de cabras se convirtió,
Vendiendo la leche
Con su hermano le tocó,
Pero no porque él lo decidió
Su padre así lo ordenó.
Niño prodigioso de talento,
Sencillez y de bondad
Inquieto y soñador,
Dejó sus estudios por obligación
Pero sus alas jamás cerró.
Su zurrón, un cuaderno y un lápiz,
Fueron sus fieles compañeros
Cuando a solas escribía,
Los más grandes versos
Que la humanidad leería,

A lo largo de los años.
Gran poeta y dramaturgo,
Con sus letras al mundo inundó
Leyendo ilustres poetas,
De los cuáles aprendió.
Dio naturaleza a sus poemas,
Entre escritos su juventud pasó
Fue así que a sus veinte años,
Su primer libro publicó
Perito en Luna se llamó.
Sus versos fueron de amor,
Que llegaron al corazón
Otros fueron de muerte,
Que hoy recuerdos son
Sin olvidar aquellos versos,
De la crueldad de la guerra
Que a los poetas acecha,
Huyendo de la injusticia
Que en sus versos confirmó.
Una guerra sin sentido,
A un gran poeta condenó
Censurando aquel gentil hombre,
Por ser un gran escritor.
Detenido en la frontera,
Sin sentido ni razón
Condenado a treinta años
En una horrible prisión.
Como ser humano,
También se enamoró
Su musa de inspiración
Josefina se llamó,
A miguel Domingo
La bella dama su amor le entregó.
Mil penurias Miguel vivió,
Entre penas y dolores
Injusticias y necesidad,

Llorando con las cebollas
Pronto llegaría su final.
Una penosa enfermedad,
Su vida arrebató
Pero nunca se murió
El legado que dejó.
Hoy honramos su memoria,
Rindiendo un emotivo homenaje
Ciento diez años de nacimiento,
Migue Domingo Hernández
Héroe de las letras será,
Gran Poeta y ser humano
Siempre tu recuerdo vivirá

AUTORA :Sonia Janet López Hidalgo
Ipiales, Nariño, Colombia

HOMENAJE MUNDIAL VIRTUAL
al poeta Miguel Hernández
110 años de su nacimiento
Organizado por el poeta José Romero

Vayan estos versos como muestra de mi devoción por un hombre que sufrió el desmedido rigor paternal que le impidió estudiar y le ordenó dedicarse al pastoreo. Un hombre hecho de dolor, pasión, sangre, hambre y cebolla. Un hombre grande que sintió miedo y al que no dejaron vivir lo suficiente para, a pesar de ser Perito con veintitrés años de edad, doctorarse en "lunas", cum laude. A pesar de todo, logró en tan sólo treinta y un años de vida lo que otros no podrían en siglos : pasar a la historia y ser recordado como uno de los grandes poetas en lengua castellana.
Ahí van mis humildes lunas en tu honor, querido y admirado Miguel.

LUNAS DE COLORES.

¡Ay mi luna, blanca luna!
luna llena de fulgor,
luces del niño en su cuna
que viajan de rama en rama
por un bosque de ilusión,
lanzando rayos de plata
directos al corazón.

¡Ay mi luna, negra luna!
la del preso en su prisión,
luna delgada entre bruma,
de la traición el testigo
en mares de perdición,
eres la luz del proscrito
y el faro del desamor.

¡Ay mi luna, verde luna!
luna de verde limón,

eres hilo conductor,
a veces siendo la musa
y en otras siendo el actor,
porque también te enamoras
de tanto ver el amor.

¡Ay mi luna, roja luna!
Cuando brillas en el cielo
todo cambia su color
y tu luz derrite el hielo,
suenan toques de guitarras
y reviven sus rasgueos
tus idilios de pasión.

Fuiste tú perito en lunas,
mas sin tiempo para amarlas...
Recibes su suave beso
mientras ufanas se alejan
y, muy lento, poco a poco,
se va apagando la voz
de su vieja risa llena.

AUTOR : José Ángel Castillo.

HOMENAJE MUNDIAL VIRTUAL
Al poeta Miguel Hernández
110 años de su nacimiento.
VETERANO RABADÁN

Miguel Hernández,
voy hacia tus letras en batalla
convocando a España,
llevo los andes en mi poema
y las flores de una lluvia sentida
para ungir la sangre
de las tristes guerras
que le pesa al mundo
en los zapatos vacíos que besaste.
Voy hacia tus huesos encarcelados,
hacia tu mitad incompleta de ti,
a esos mohosos minutos de muerte
forzado a la ausencia del amor;
hacia esas húmedas sombras filicidas
que fragmentaron tu existencia
hasta ser plumas de esperanza libertadora.
No me tiemblan las manos ni la voz,
me tiembla mi nada y mi no ser,
no me tiembla unirme a tu trinchera,
me tiembla la batalla en mi no saberte ser,
no me tiembla las heridas
que te causara tu madre España
hasta dejarte morir,
ni que haya sido España, tu madre,
la cruel madrastra de mi tierra patria.
Me temblara el estar si España
hubiese sido tu maligna sepulturera,
si al tercer día del interminable martirio
no te hubiese resucitado la voz.
Me temblara si en las cuatro paredes

de tu encierro y el mío no hallara
un resquicio de eternidad encuadernada

para vernos, para encontrarte
en el ara eterna de los dioses.

Agosto 2020
Luis Enrique Pariamachi Ortiz
Perú

HOMENAJE MUNDIAL VIRTUAL AL POETA MIGUEL HERNÁNDEZ EN SUS 110 AÑOS DE NACIMIENTO. Organizado por el poeta José Romero.

- EL POETA PERITO EN LUNAS -
Nunca cesó el rayo desde entonces, Miguel,
aunque cayeran dientes afilados, labios de hiel,
o se hicieran desayunos pena con pena.
Tu beso a la calavera noble de Ramón
tampoco creció como mortaja enmohecida,
se hizo hueco entre la franqueza de la tierra
para esculpir raíces indagando la orografía
de una lágrima que irrumpió en canal,
luego mar, después Atlántida platónica
con atlantes pastores leyendo a la sombra
de clorofíceas a Paul Verlaine y a Gabriel Miró.
Creíste en el pueblo llano, en el sudor agitador
doblegado con su traílla fiera al niño yuntero,
al adulto panadero, a la corona salada del labrador,
y eso fue cárcel para ti primero,
después muerte, tísico y solitario, poeta.
Dijo Aleixandre que tus ojos negaron la parca,
que "abiertos se quedaron bajo el vacío ignorante",
y azulados que eran cabalgaron vientos
arrastrando tempestades, desmugrando dioses,
enrolando los espectros de Lorca, Alvariño y Machado
en el esquinazo de un incesante atardecer.
Ahora que el mundo terminó de enloquecer,
acunado el futuro al efluvio de un Morfeo armado,
tus cebollas, tus andamios de flores, tu boca sin boca,
toda esa libertad que diste a los cirujanos,
tus tres heridas, la plata pura de tus auroras,
es vino sabio que bebemos algunos sobre el risco
de todas las duermevelas que no nos mienten.

Kabalcanty©2020

Homenaje a Miguel Hernández en sus 110 años del
nacimiento
Organizado por José Romero
Autor . Augusto Thassio

ROTAS LAS ALAS DE LA LIBERTAD.
"Volar, ¿pero quién vuela?
Sólo quien ama, vuela.
Sólo quien ama, vuela…"
Miguel Hernández.
Miguel Hernández,
las cartas estaban echadas,
y tú lo sabes:
los corazones rotos,
las espadas en alto,
copas para la sangre,
bastos para los golpes
y el oro de un reloj
para perderte.
Qué terrible es sufrir
un dolor de estilete.
Miguel Hernández,
las rayas de tu mano
te leyeron el sino
y cruzada la raya
te sentiste perdido,
lejos de las palmeras,
cercado por olivos.
Qué terrible es tener
un dolor presentido.
Miguel Hernández,
la senda machadiana
te descubrió el sentido
de los caminos inciertos,
cruzados por huidos
perseguidos por la sombra

alargada del destino.
Qué terrible es dolerse
por un látigo de espinos.
Miguel Hernández,
las piedras que ruedan ciegas
por los cielos de la infamia,
provocaron la tormenta
que cayó sobre tu espalda,
incendiando con sus rayos
tus mariposas del alma.
Qué terrible es retorcerse
en un dolor de pedrada.
Miguel Hernández,
desde Portugal a España,
con la libertad esposada,
te llevan apara entregarte
a las sombras enamoradas
de la miel de tu sonrisa
y la luz de tu mirada.
Qué terrible es penar
la pena de la mortaja.
Miguel Hernández,
las cárceles no pudieron
enmudecer la belleza
de tus versos, y en los aires,
libre de aldabas y rejas,
vuelas sobre sus cabezas
sin que puedan alcanzarte
las ballestas de sus lenguas.
Vuela, Miguel, vuela
remontando nubes y nieblas,
pues, como tú escribiste,
sólo el amor tiene alas
y sólo el que ama vuela.

Augusto Thassio.

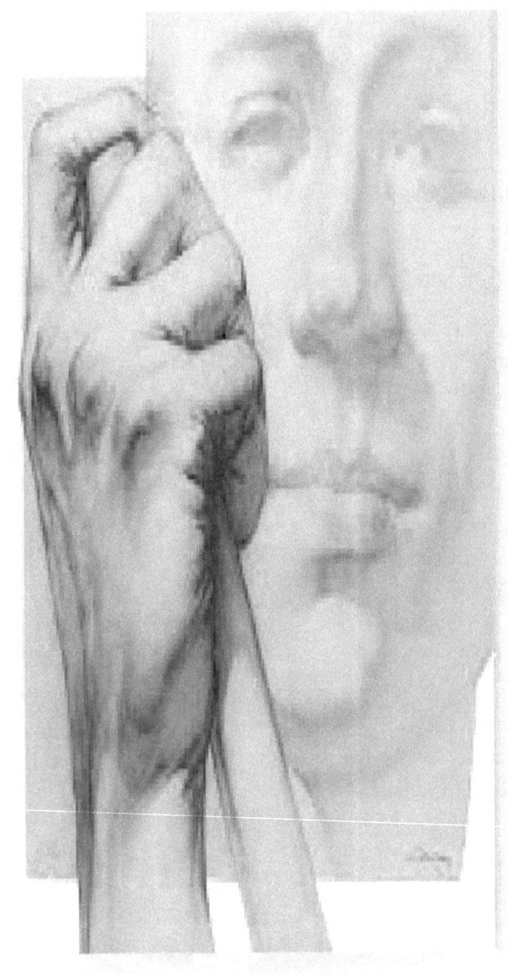

HOMENAJE MUNDIAL VIRTUAL AL POETA MIGUEL
HERNÁNDEZ
110 AÑOS DE SU NACIMIENTO.
Organizado por el Poeta José Romero.

A Miguel Hernández

Horas vacías.
Cadenas y barrotes
truncaron tu vida,
te robaron la libertad
que todos anhelamos.
Encerrado y olvidado,
entre silencios y sombras,
tu piel lloraba, abriendo heridas.
Encarcelado injustamente,
dejaste de caminar
por veredas de libertad,
te arruinaron el alma
cubriéndola de soledad.
Malditos carceleros
que acallaron tu voz,
sembrando la desdicha
en tu pobre corazón.
Ardieron las horas
bajo tus pies,
tus manos arañaban tus sueños,
rotos en la dura condena.
Cruel destino,
que tu vida varada dejó
en una oscura prisión.
Septiembre: 2020

Autora: M Del Carmen Gallego Banderas
Bailén (España)

HOMENAJE MUNDIAL VIRTUAL AL POETA
MIGUEL HERNÁNDEZ
110 AÑOS DE SU NACIMIENTO.
Organizado por el Poeta José Romero.

INCANSABLE.

A Miguel Hernández
Pastor del verso
amaste las letras,
ellas te dieron
la libertad.
Literarios pasos
siguieron caminos,
sendas de versos
a tu favor.
Nanas de cebolla
Inspiran llanto,
escenas de vida,
y del más allá.
La muerte siempre
tras el acecho,
era tu sombra
al parecer tu final
Más tus escritos,
Prolongan tu vida
Miguel Hernández,
¡Versos de hoy!
Septiembre 2020

Autora: Esperanza Cuayal Chapues
Pupiales (Colombia)

HOMENAJE MUNDIAL VIRTUAL
al poeta Miguel Hernández
110 años de su nacimiento
Organizado por el poeta José Romero .
Miguel Hernández

El poeta Miguel Hernández,
nace el 30 de octubre del año 1930 en Orihuela,
proviene de una familia muy humilde,
en el año 1915 es escolarizado en el centro de enseñanza
Nuestra Señora de Montserrat.
1918 hasta el año 1923 curso primaria en la escuela del Amor
y de Dios.
1923 cursa el bachillerato en el colegio Santo Domingo de
Orihuela,
ese mismo año a Miguel le conceden una beca para que
pueda seguir cursando con sus estudios.
1925 Miguel a pesar de su dedicado al rebaño de cabras .
Miguel estaba acompañado por sus labores a los libros,
libros , pluma y papel.
Miguel interesado por la literatura le lleva a leer libros de
varios autores conocidos como Garcilaso, Góngora y
Calderón de la Barca .
En ese año comienza a formar su grupo Literario con varios
jóvenes de Orihuela.
Del 25 de Marzo de 1931 Miguel recibe su único premio
literario concedido por la sociedad artística del Orfeón
Ilicitano ,el premio le fue concedido con el poema 138
Versos " Canto a Valencia"
bajo el lema " Luz pájaros ... Sol ".
1933 pública su primer poemario " Perritos en Lunas ".
1939 pública su nuevo libro " Vientos del pueblo".
Miguel fallece con 31 años a causa de tuberculosis.

  David Álvarez

HOMENAJE MUNDIAL VIRTUAL
al poeta Miguel Hernández
110 años de su nacimiento
Organizado por el poeta José Romero

.

.CAMALEÓN DE AMOR.
De tu muerte poco se
de tus poemas los escribí
y este verso que a hulla,
en la noche esta gota
de agua que no cesa,
de llorar por el tiempo
que me condena
a no leerte jamás.

.

Naciste en Orihuela
con su nombre y tu condena
a un pastor de cabras pereciste
mientras escribías tus poemas.
Este tiempo es el tuyo
con tu mano y mi bandera
remaremos todos juntos
a un eterno poema,
Controlando los ritmos
estos versos son tan tuyos como míos.

.

Pero yo te admiro
pastor de cabras
legión infinito,
de tus palabras la quimera
de este bello ripio.
Eres el hijo tercero de siete
perseguidos te quiero como al primero
aunque el tercero vendisteis
mi alma como dos niños,
y es que te escribo y goteo

mis ojos mis dos armiños
y con esta poesía te imploro
mis dedos cortados muy finos,
En este castillo de naipes
que me van cayendo nidos
de tu morada de versos
como yo los abría querido.
Camaleón de amor.

.

Autora: Beatriz Martín Navarro.
.ESPAÑA.

LOS SILENCIOS DE MIGUEL HERNÁNDEZ

Miguel,
haz que en la piedra estéril se escriba la verdad.
No queden huellas asediando los labios certeros
de la muerte,
no amordacen el verbo de tu garganta los abismos
solo el musgo tiene formas que la noche conoce,
no entierres contigo la luz
ni la voz imposible de los últimos adioses.
Adónde tras ese horizonte negro que ya no calma la sed.
A qué ángulo insondable va la herida
para exhalar su afilada tristeza.
Es la hora en que brotan copiosos los silencios.
¿Qué se urdió detrás de esta geografía
que nos heló el pulso para siempre?
Pareciera que los muros inquebrantables de ayer
fueran hoy imprecisos límites
para aplacar el hambre de estar vivos.
¿Ha sido la vida ciega en estas latitudes?
¿Hubo acaso una luz hospitalaria para nuestro sueño?

Florentino Gutiérrez Gabela

HOMENAJE MUNDIAL VIRTUAL
Al poeta Miguel Hernández
110 años de su nacimiento.
Organizado por el poeta José Romero.

EL PASTOR DE CABRAS DE ORIHUELA

Sí, es la crisis que llegó a casa,
y, tuvo que coger a un joven,
con un gran futuro, para ir tras las cabras
y así, olvidarse de sus sueños y becas.
Sí, ese joven con tan solo quince años,
quien soportó al sol, la lluvia y al frío
se llamó Miguel Hernández Gilabert,
el pastor de cabras de Orihuela.
Sí, fue él, quien no le tuvo miedo a la crisis,
por que nunca dejó de lado a su mejor amigo,
maestro y guía, ese maestro llamado libro,
el le acompañó todos los días bajo el brazo.
Sí, fue ese libro quien le presentó a Lope de Vega,
Juan de la Cruz, Miguel de Cervantes, Gabriel Miró,
y muchos más, quienes le enseñaron a escribir sus hermosos
poemas, para hoy poder disfrutar frente a mi alcoba.
Sí, fue él, quien le dijo a su patria llamada España,
acá estoy para servirte y defenderte,
oh, no, que dolor, me la pagaste tan mal,
tan mal con este hambre de sabor a cebolla.

Autor: Aurora Vela - Perú.

¡Miguel Hernández, era un gran poeta, y debemos honrar su memoria, por su calidad lírica!

EL PASTOR LUNADO.

A Miguel Hernández.
De cabrerillo a zagal,
De chaval a cabrero,
Guiare por las sierras
El rebaño caprino,
Llevándose a los chivos
De reata el rehalero,
Por sendas y veredas
De la campiña ufana.
En el zurrón llevare
--aparte del rebaño—
El queso y las manzanas,
Libros de flor y nata
Para embriagar el alma.
No sólo de sol y aire
Vivieren los humanos:
¡luz de palabras frescas,
Leche de luna clara,
Cumbre de azur divino!
Redoblan las esquirlas
"tilines" de manada
En los altos apriscos
Del cerro incandescente.
Va leyendo luceros
Dulces de fuego lento,
Tiernos los pensamientos,
Luz de las veredillas,
Que escalaren las cimas:
¡por Orihuela, Miguel!
Mi perito almendrado,
Henchido de cipreses,

La cebolla me duele,
La cebolla se llora,
En aquella España
De la triste congoja.
Vuelas por los aires
Mi querido poeta;
Los sentimientos puros
No debieran de saber
De extrañadas angustias…
Ni de ideas políticas.
Volaren tus poemas
Inscritos de belleza
En tibios corazones
De nostalgias serenas:
¡quedaron en el tiempo
Soñando las auroras!

JOROS, Montellano (Sevilla), nacido en 1964.

HOMENAJE MUNDIAL VIRTUAL
Al poeta Miguel Hernández
110 años de su nacimiento
Organizado por el poeta José Romero

MI POETA

Volviste a tus orígenes, mi Poeta
solo para retomar la fuente
y cebar tus venas de poesía.
Versos de ese amor y de nostalgia
por esos pastores y sus yuntas
por ese patio y por esa huerta.
Por ese río de prístina agua,
que bisbiseaba en esas noches,
bajo aquellos cielos de Orihuela.
Soldado de la Vida y del Verso
ante huidas e injustas condenas,
arropado en prisión con sus letras.
Esa elegía al entrañable amigo,
y nostalgia por muerte del hijo,
devastaron tus órganos vitales.
Ni tétricos barrotes conserjes
pudieron silenciar tus protestas,
cuando ese día, de madrugada,
¡moriste de tristeza, Mi Poeta!
Sombrita Napeluí

Mercedes Uriarte Latorre

"Miguel, esencia de mí tierra "

Luz bohemia rompe el Alba
dónde nace él poeta.
Orihuela.
A pie de sierra ,
moradas encaladas
guardan poesías
bajo una higuera.
A la voz de madre
leche y pan ,
Miguel sueña.
Ya se oyen voces
son hombres con hoces
que van a la era.
Jornaleros del hambre
perpetuos a la tierra.
Tempranera de pasos,
camino, monte, ovejas.
Pensamientos que crecen
Soledad, miradas al alma.
Caminos que le llevan
promesas de amor a Josefa.
Triunfos, libertador de consciencias.
Madrid, bálsamo de experiencias.
Señales de tormentas,
crujidos de guerra.
Sombras alargadas
apuntan a Miguel
inocente pluma poeta.
Silencios mudos
de dolor
Barrotes cortan
viento de muerte.
Y un amanecer
agoniza en silencio Miguel.

Pero el viento
guardó su legado
mostrando con orgullo
el triunfo eterno
de la obra de Miguel
"El poeta de Orihuela".

Remedios Garcia Tenza

Homenaje a Miguel Hernández
Organizado por el poeta José Romero

"Y cayó un rayo que partió en dos a un árbol
y una mitad del pueblo culpó a la otra
mientras se destruían;
y nadie acusó jamás al rayo"
Si nos quedase futuro…
Si fuésemos todavía, raíz y piedra
y tronco unido que se eleva
sin un temblor de muerte,
sin lombriz y sin ausencia,
como un pueblo que es pueblo
con su risa jilguero donde el nido y la suerte
son hombre y mujer. Presencia.
Si nos guardase la luna,
el eco de tantas voces,
de unos y otros caídos,
y el canto tarareado
de un romancero de cuna
y el corazón en su hueco.
y el beso que reconoces
y el brío en cada latido.
Si retoñase la vida
con luz de campo y labranza,
la sangre pulsando el día
en un silencio brillante
de sol, amor, o esperanza.
Pero no hay futuro ni luna,
ni vida que pulse un lucero.
Solo un hombre que canta
el dolor sin nombre, oscuro,
soledad de triste cabrero.
Atruenan las sombras calladas
con sus tercas garras mortales
¿De dónde tanto odio?

¿A qué tanta cizaña?
Una guerra de hermanos
acecha en los matorrales,
como un rayo incesante.
Sedienta está la guadaña.
Tan confusos los umbrales
de un suave recuerdo en las manos.
Un simple beso, un canto.
Es preciso amar para seguir viviendo,
Ser, por fin, el verso que escapa
del sinsentido y el llanto
Hijo del barro, soñador de la cumbre,
vuelves a tu tierra bella
que cada poema sea tu capa,
Y el cielo entero, tu manto,
Y el amor alumbre tu estrella.

Autora: Salomé Chulvi

CLAROSCURO DE LA ARMONÍA
(En dos acordes)

Al poeta Miguel Hernández

Porque sus Nanas de cebolla
aún me estremecen

Acorde primero
Sojuzgado, cual lampo aterido,
el poeta desnuda la pregunta:
¿cuándo el hombre se olvidó del ser humano?
Te duele, poeta, abrir las puertas del alma
y mirar el estallido de la desesperanza.
La fiera diligencia adoptando enjambres
de la discordia. Eso te duele.
Mas bien sé, tu derrotero
insólito dará luz a la incógnita.
Eres, poeta, la respuesta.
Flébil soliloquio es la cumbre solitaria;
enciende rumores enternecidos
por virgíneas claridades.
No cedas, aguza el poema,
tu inefable porfía de colocar el acento,
dala al verso.
Enuncia el vuelo suspirante
y no desdeñes las lágrimas propincuas.
Canta, poeta, propicia el umbral germinante,
los sueños recónditos mas necesarios.
Sufre, poeta, tu destino de incienso apacible
cédelo a la clara serenidad…
Acorde segundo
Pasarán los cendales, y el canto armónico
del poema tendrá nuevas armonías;
sembradíos venturosos fundarán
el blando mármol; cedido ha la piramidal

cimitarra del desafecto,
el oprobioso estruendo del sobresalto
también cederá.
Ya, poeta, tu canción hilvana
trémulos pechos; empecinada ave
acaeciendo después del pico caído.
Aun así, si el vórtice del infecundo
aposento existe afuera,
y proviene el siniestro hálito,
el apoteótico compás de la ronca mirada,
poeta, desnuda nuevas preguntas,
da el verso al tálamo mordaz,
despierta los insomnes corazones
a la aurora benéfica.
Tributa aire al laberinto cadavérico y divagante.
Descifra la eurítmica y profunda
clarividencia del apego.
Queda en sosiego, poeta, mas no cedas
a la inmolación del armisticio.
Vierte infinitamente la poesía,
aligera el verso pacífico.
No calles, enmienda los espasmos hostiles.
Canta, poeta, ya otros proseguirán
tu armónica presencia…

Eduardo H. González

HOMENAJE MUNDIAL VIRTUAL AL POETA
MIGUEL HERNÁNDEZ
110 AÑOS DE SU NACIMIENTO.
ORGANIZADO POR EL
POETA JOSÉ ROMERO.
A MIGUEL HERNÁNDEZ

TU ETERNIDAD

Universo de la cuna de tu llanto será ahora respirando
como un rayo en sinfonía,
que cantando en el
territorio a oscuras de tus
huesos es lazada que te
atraviesa como un grito
derramado, allí bajo la
tierra que te encierra en
lo profundo del estruendo
de la poesía de tu sangre.
Tu eternidad,
perenne caricia del sol de
la tarde velando a tus ojos
de lirios rotos como un
mechón en el volcán
de tu pecho.
Por eso nunca duerme y
lleva tu escritura en sus labios llorando entre tu
tu vida y tu muerte.
Tu eternidad
te aclama por los campos,
es un alarido contemplando
las huellas del recuerdo
de tu casa.
Y con voz de trinchera

y de hambre, tu bandera
de libertad ardiente
se envuelve en el ayer
deshojado de tu octubre.
Tu eternidad,
pasión de un suspiro
queriendo al roce de
tus versos azules...
Removida en tu silencio
hacia ti.
Septiembre 2020

Autora: Concepción Sánchez García.
Sevilla (España)

En el verano de 2018 visité la magnífica exposición que, en el MAHE -Elche-, se dedicó a Miguel Hernández, "A PLENA LUZ", en conmemoración del 75 aniversario de su muerte, promovida por la Diputación de Jaén. En 2010 le dediqué este poema homenaje para unas jornadas que la librería Rayuela-Idiomas celebró en su honor. Visité también su casa natal de Orihuela y el colegio donde se formó.

CONTRADICTORIO SINO
A Miguel Hernández

El rayo no cesó
en su deseo
de camino infinito
sin grilletes.
Contradictorio sino
el que del barro
hizo nombre
y destino carcelario.

Inmaculada García Haro
2010

110 años del nacimiento

Manuel Neto dos Santos
Homenaje a Míguel Hernández
Coordinado por José Romero

Poeta hermano, que tu infancia trajo
La humildad de la cuna, en casa pobre ...
La tierna edad en mí tiene el redoble
Del pastoreo de los sueños y el agua dulce
De las riberas por donde, desertor
de mi banco de escuela, me escabullía
Para encontrar, por los montes, la poesía
Por las haciendas al sur ... en el imberbe ardor.
Desde Monte Boi ... permite que te cante
El oscilar de las flores, como balidos,
Que la brisa viene a traer a mis oídos
De la ladera de almendros, allá más abajo.
También fui sediento en extremo
De libros, de lectura, en otras casas
Pues, hijo de iletrados, era el candil,
El oscilar de un río sobre el poema.
También a mi redil llevo la vida,
Pues hice de los versos y mi alma un rebaño
En esta fascinación igual a la tuya; feroz y extraña
Del cielo al final de la tarde... un mar de añil.
Recuerdos, en un romancero de ausencias
De la muerte que nos cerca y hace la ronda
En la cadencia lasciva, como la ola...
Ven, poesía, y véncela.
Poeta-Hermano, del escenario y tantos personajes,
Épico y popular, los dos unidos.
El viento sobre la aldea, cuando el polvo
De la guerra está en las manos de otros aires.
También levanto la antorcha de la igualdad
Contra los verdugos, carceleros de la paz...
Que en esta patria mía fueron capaces
De amordazar a la mitad del Pueblo.

Un rayo que no cesa, hermano poeta...
De modo simple te celebro, ahora,
Tú, lírico cantante, por los campos,
Si la más sencilla flor un verso nuevo empieza.

Manuel Neto dos Santos

A Miguel

Miguel, el niño yuntero
que regaba la cosecha
con las perlas de su frente
y con agua de la huerta,
qué triste destino tuvo,
siempre vivió en la miseria.
Las nanas de la cebolla
yo le cantaba a mi niña
sin saber que interpretaba
tu realidad, oh, poeta.
En noches de luna llena
mi hijita se acurrucaba
al saber que tu criatura
murió de hambre. Qué pena!
Ay, qué triste recordar!
Solo cebollas comía
la madre que amamantaba.
Tiempos duros en España
para el labriego, el buen hombre
qué no quiso ser esclavo
y amaba la libertad.

María Josefa Reyes

Lágrimas por Miguel Hernández
I
Hoy visito tu tumba en el alicantino cementerio,
heladas piedras recuerdan que aquí yace tú cuerpo,
segué los cardos silvestre, los matojos secos y
los jazmines negros
tomé tus manos frías y las puse en mi pecho
y supe que no estabas muerto.
¡Qué tiempos aquellos del 31, de Orihuela partiendo
a Madrid en tren viejos!, dejaste
a tu compañero del alma Ramón Sijé.
Conoces a otros nuevos amigos:
a Pablo Neruda, Aleixandre, a Federico,
a Alberti y a los gongorinos del 27.
De Madrid a la guerra y en Huelva preso.
Aguardaste Miguel, con inútil ansiedad la libertad,
y mientras esperaba en las cárceles oscuras
jugabas con su lápiz de bambú
y su cuadernito nuevo,
cartas a Josefina y a tu hijo pequeño
patios y pasillos de juramento
letrinas sucias y pestilentes,
lóbregas enfermerías
y amigos con sus lamentos,
no te pudieron cerrar los ojos,
un día de frío invierno.
II
Que sola se quedó la luna
sin su perito-arquitecto
agrimensor de higueras
cabrero de firmamentos.
Un rayo se volvió loco y no cesaba de gritar
Un rayo partió la luna.
Un rayo partió sus cuernos.
Un rayo de desconsuelo.
Un rayo loco no cesa de llorar.
Un rayo de luna nueva.
Un rayo de luna tuerta.

Un rayo de luna afligida
Un rayo de luna herida.
Un rayo de luna muerta.
Qué triste se quedó la luna
tras Miguel se fue gimiendo
lloraba de desconsuelo
con los angelitos del cielo.
Se murió la luna de pena,
triste y menguando lento
camino de un corral que el Orihuela
le abrieron.
III
¡Qué desmedida amargura!
el Segura se quedó seco
¡Qué inmenso desconsuelo!
sin riveras de verdes versos
¡Qué dilatada aflicción!
piedras amarradas al suelo
¡Qué vigoroso sufrimiento!
máquina de hilar sueños
¡Qué intensa repugnancia!
esclavos de la tierra sin aliento
¡Qué aumentada tristeza!
forja caliente de sentimientos
¡Qué descomunal resquemor!
y santo Domingo se quedó huérfano.
IV
Hoy visito tu tumba en el alicantino cementerio
heladas piedras recuerdan que aquí yace tu cuerpo
segué la hierbas amargas y recé un padrenuestro,
qué pena más grande tengo,
qué pena más triste en el alma llevo,
ríos de lágrimas derramo por ti y un lamento
qué dolor tan intenso, qué sufrimiento....
Alicante, 30 de Octubre 2003

Auto: Ramón Fernández
Ramón Palmeral
 con un cuadro pintado por Palmeal en 2002

HOMENAJE MUNDIAL VIRTUAL

Al poeta Miguel Hernández
110 años de su nacimiento.

"Eres luz de tierra",
de las mañanas de Orihuela.
Mortal embanderado de valentía y martirio.
Tu trabajo temprano no desbastó nunca tus Palabras.
Fuiste poeta de los versos inquietos de un Luis de Góngora.
Tu vida fue un teatro de marionetas esquivas.
Cuarenta y dos octavas reales abrazaron "Perito en Lunas".
La vida, la muerte, y ese amor absoluto,
no sé esfumaron en una húmeda y oscura celda.
Miguel Hernández, eres luz de tierra en tu bendita Orihuela.

JORGE VLADIMIR ALACEVIC

HOMENAJE MUNDIAL VIRTUAL
AL POETA MIGUEL HERNÁNDEZ
100 AÑOS DE SU NACIMIENTO
MIGUEL

Te llamo Miguel desde la sombra
te llamo Miguel desde el martillo
te llamo en cebollas
y adoquines
cuesta abajo y cuesta arriba
en nanas y réquiem
en manifestaciones y silencio
en trincheras y gloria.
traigo la tos de nicotina y mazmorra
en los pulmones
nuestro aliño verbal en osamentas
"sentado sobre los muertos"
que empuñan su trozo de alma
hasta el monte del no-olvido.
te llamo Miguel en cada verso
en cada uno Orihuela me descalza
entre mirlos y yuntas
-que no soy buey-.
hembra de toro embisto en romerías y pancartas
desde la diáspora terrible
y te escribo un poema
que te incorpora a las tropas del pueblo.

Marlene Denis
Habana-Barcelona

Homenaje Mundial Virtual en Facebook a Miguel Hernández

Gracias por la invitación a formar parte de este grupo en que se rinde homenaje a uno de los más grandes poetas españoles: Miguel Hernández.

Aún recuerdo cómo en mis clases de literatura, en Cuba, le recitaba a mis alumnos sus poemas y hacíamos el análisis literario de su obra: " Carne de yugo ha nacido/ más humillado que bello... rezan estos versos de su poema: El niño yuntero. que recorre su propia infancia y la de todos los niños campesinos de la época.
Desde aquí les envío mis saludos a todo el grupo y gracias una vez más por confiar en mí.

María Josefa Reyes

HOMENAJE MUNDIAL VIRTUAL
Al poeta Miguel Hernández.
110 años de su nacimiento.
Organizado por el poeta José Romero.

MIGUEL HERNÁNDEZ

¡ Andaluces de Jaén !
¡ Aceituneros altivos !
¡ Jaén levántate brava !
¡ Si me muero, que me muera con la cabeza muy alta !
¡ Con sangre de cebolla se amamantaba !
¡ Juventud que no se arriesga, sangre que no derrama !
¡ Andaluces de Jaén, no vallas a ser esclava con todos tus olivares !
¡ Palabras....palabras !
De tus bellos versos que llegan hasta el alma.
Tú que anduviste por nuestras tierras jienenses y andaluzas en tiempos de penurias.
Guerras y penas... que convertiste con maestría en poemas.
Tú de ésa generación que escribían gritando ¡ libertad !
Después escribieron a la guerra y la desolación.
¡ Los grandes poetas !
Aquellas generaciones....quienes llevaban por bandera la palabra ¡ libertad !
Todo fue abolido, la cultura y la libertad.
Imponiendo muerte, adoctrinamiento e imposición.
Sufriendo la añoranza de los que ya no estaban.
La censura no pudo matar al libre pensamiento.
A la expresión de nuestros padres.
Y....nosotros que llegamos detrás, también nos tocó vivir años de ese asedio del hambre y desavenencias del país.
El soportar aquel lema llamado....una, grande y libre.
¿ libre...?
¿ España libre ?
¿ para quienes ?

No para quienes les corría por sus venas eso....que con desprecio decían.

¡ Los de sangre roja !

¡ Sí ! Sangre roja y de gran corazón.

Humildes sí, pero luchadores de ideas grandes y libres....

¡ como tú...nuestro amado Miguel Hernández !

Sufridores natos, trabajadores de sol a sol.

Degradados y despreciados inhumanamente.

Hasta arrebatar a las personas su honor.

Intentando anularlos durante años de presión.

Aún así no lo consiguieron.

La semilla de la libertad había germinado en el fondo de nuestros corazones y....no la pudieron matar.

Nosotros los humildes.

Los ignorantes ignorados.

Los inmigrantes.

Los olvidados.

Decimos que la libertad...nunca....

¡ La podemos dejar morir !

Manuela Herrera Molina.

110 años del nacimiento

Homenaje mundial virtual al
poeta Miguel Hernández en su
110 años de su nacimiento.
(Organizado por José Romero)

"Por la Vega del Segura"
En esa soledad de unas
llanuras y a la vista
de algunos valles, estaba
pastando aquel ganado;
¡que lo guardaba un zagal
que andaba muy despistado!
Con un lápiz en la mano
y unos papeles gastados,
cuenta los casos andados
este zagal oriolano.
Andando por esos prados
y jugando con su hermano...
su afición no cayó en vano
mientras cuida del ganado.
¡Y siguió pastoreando
por las sierras oriolanas
como todas las mañanas
con sus libros estudiando!
Hoy se saltó sus deberes
por la Vega del Segura
en esa tierra tan pura,
"amante de atardeceres"
escribió sus poesías
que ya tenían dulzura.
Mientras, al Río Segura
contaba sus fechorías,
a sus cabras contentaba,
y guardaba su postura;
¡aquello quedó a su altura
cuando al cura molestaba!

"Mas esté, lo comprendía"
Con el rayo que no cesa
y sus nanas de cebolla...
Hubo a gente que le pesa,
y lo ataron a una argolla...
Para este pastor poeta,
pronto llegaría el día,
que empezaría a correr
un camino que sin ver...
¡Pronto llegará su meta!

© Eugenio Medié (Eugeni)

Homenaje mundial virtual a Miguel Hernández coordinado por José Romero.

POENANA:
Duerme envuelto en cebolla
de aroma dulce, Miguel Hernández
enjaretando nanas
con mimbres de canela.
Redondo escarabajo
se atreve a turbar
su sueño entre linces
portando esos crujientes sobres
que envía la hojarasca vívida
desde otoños remotos
a su lecho de versos.
Ea, ea, ea, allá va
un feroz dolor que huye
por la estrecha vereda
donde los caracoles
remolonean al frío
de la noche con música
de grillos y carbón.

-M. José Funes L.

HOMENAJE MUNDIAL VIRTUAL
al poeta Miguel Hernández
110 años de su nacimiento
Organizado por el poeta José Romero
Poema de Miguel Hernandez.

Elegía
(En Orihuela, su pueblo y el mío, se
me ha muerto como del rayo Ramón Sijé,
con quien tanto quería.)
Yo quiero ser llorando el hortelano
de la tierra que ocupas y estercolas,
compañero del alma, tan temprano.
Alimentando lluvias, caracolas
y órganos mi dolor sin instrumento,
a las desalentadas amapolas
daré tu corazón por alimento.
Tanto dolor se agrupa en mi costado,
que por doler me duele hasta el aliento.
Un manotazo duro, un golpe helado,
un hachazo invisible y homicida,
un empujón brutal te ha derribado.
No hay extensión más grande que mi herida,
lloro mi desventura y sus conjuntos
y siento más tu muerte que mi vida.
Ando sobre rastrojos de difuntos,
y sin calor de nadie y sin consuelo
voy de mi corazón a mis asuntos.
Temprano levantó la muerte el vuelo,
temprano madrugó la madrugada,
temprano estás rodando por el suelo.
No perdono a la muerte enamorada,
no perdono a la vida desatenta,
no perdono a la tierra ni a la nada.

En mis manos levanto una tormenta
de piedras, rayos y hachas estridentes
sedienta de catástrofes y hambrienta.
Quiero escarbar la tierra con los dientes,
quiero apartar la tierra parte a parte
a dentelladas secas y calientes.
Quiero minar la tierra hasta encontrarte
y besarte la noble calavera
y desamordazarte y regresarte.
Volverás a mi huerto y a mi higuera:
por los altos andamios de las flores
pajareará tu alma colmenera
de angelicales ceras y labores.
Volverás al arrullo de las rejas
de los enamorados labradores.
Alegrarás la sombra de mis cejas,
y tu sangre se irán a cada lado
disputando tu novia y las abejas.
Tu corazón, ya terciopelo ajado,
llama a un campo de almendras espumosas
mi avariciosa voz de enamorado.
A las aladas almas de las rosas
del almendro de nata te requiero,
que tenemos que hablar de muchas cosas,
compañero del alma, compañero.

Aceituneros

Andaluces de Jaén,
aceituneros altivos,
decidme en el alma, ¿quién,
quién levantó los olivos?
No los levantó la nada,
ni el dinero, ni el señor,
sino la tierra callada,
el trabajo y el sudor.
Unidos al agua pura
y a los planetas unidos,

los tres dieron la hermosura
de los troncos retorcidos.
Levántate, olivo cano,
dijeron al pie del viento.
Y el olivo alzó una mano
poderosa de cimiento.
Andaluces de Jaén,
aceituneros altivos, decidme en el alma ¿quién
quién amamantó los olivos?
Vuestra sangre, vuestra vida,
no la del explotador
que se enriqueció en la herida
generosa del sudor.
No la del terrateniente
que os sepultó en la pobreza,
que os pisoteó la frente,
que os redujo la cabeza.
Árboles que vuestro afán
consagró al centro del día
eran principio de un pan
que sólo el otro comía.
¡Cuántos siglos de aceituna,
los pies y las manos presos,
sol a sol y luna a luna,
pesan sobre vuestros huesos!
Andaluces de Jaén,
aceituneros altivos,
pregunta mi alma: ¿de quién,
de quién son estos olivos?
Jaén, levántate brava
sobre tus piedras lunares,
no vayas a ser esclava
con todos tus olivares.
Dentro de la claridad
del aceite y sus aromas,

indican tu libertad
la libertad de tus lomas.

Maria De La Gandara

A dentelladas te defiendes,
podrías hacerlo
con besos,
pero tu libertad
eterna en todos los cielos
no encuentra corazones
para sentir los rocíos
libres...
A dentelladas quieres vivir,
sin luces, ni bocas dormidas
que se fugan
de tu vida,
más alta que los mástiles
embarrancados,
en los pechos asustados...
A dentelladas
te propones morir,
como una tristeza apedreada
por la ausencia,
que acurrucada en los horizonte
del ultimo viaje
sin alas,
que arrancadas y desesperadas
de nada se arrepienten ...
A dentelladas desapareces
de mi universo,
no llegas a llenar
el horizonte,
donde la libertad
todo lo puebla...
Sin Alas...

Joan Benavent Brualla..

HOMENAJE MUNDIAL VIRTUAL
al poeta Miguel Hernández
110 años de su nacimiento
¡VA POR USTED, MAESTRO!
Con profunda admiración y respeto
A dúo con Miguel

Yo quiero ser llorando el hortelano
de la tierra que ocupas y estercolas
quiero gritarle al viento de tu mano
beber la sangre amarga de tus olas
quiero vestir mi barca con tu vela
llenar mis alacenas con tus versos
disolverme en los brillos de tu estela
volcar, al corazón, tus universos
tristes guerras y tristes tus horrores
triste, triste, el suelo que no labras
tristes hombres si no mueren de amores
tristes armas si no son las palabras
quiero perder mi paso en tu sendero
compañero del alma, compañero

Chus Castro
22/08/2020

Homenaje mundial virtual al poeta Miguel Hernández.

RESUCITAR EN TU POEMA
A Miguel Hernández
Vuelvo al ruedo del recuerdo
al que empuja tu poesía,
en duelo y rabia me pierdo
y regresarte quería.
Cruel estado que me hiere
que me empuja y que me quema,
corazón que solo quiere
resucitar en tu poema.
Soldado lleno de versos,
poeta cargado de espada,
rey de destinos inversos
de una flor viva y callada,
Estoy viviendo tu muerte,
muriendo siento tu vida
y me duele que al perderte
queda poesía perdida.
Quiero de ese corazón
que es de barro hecho amapola,
que refuerce mi pasión
que no deje mi alma sola.
Y en honor a tu recuerdo
buscaré en el mundo entero,
para encontrar y salvar
a ese tu niño yuntero.

Mario García Montalbán

A MIGUEL HERNÁNDEZ
03 – 10 – 10 * 28 – 03 – 42
De los poemas dedicados al poeta de Orihuela, transcribo el tercer

SONETO
Ramón Sigé, tu amigo, se murió
y muy temprano estercoló la tierra,
dejándote muy solo en nuestra guerra
que a tantos españoles masacró.
Y tu mujer con tu hijo se quedó
y el hambre por el cuello los aferra,
persecución y miedo los aterra,
con sangre de cebolla lo crió.
Viva la Paz, viva la Poesía,
muera la guerra y sea masacrada
por una convivencia en armonía.
Que no haya más, gente desesperada,
que nunca se repita tu agonía,
que te sea propicia tu alborada.
Buenas tardes mundo.
De "sonetos con el arcoíris dentro.

Cristóbal Carrasco Delgado

SOÑANDO

En Orihuela, sí, en Orihuela,
sentado en la hierba fresca,
apoyado en una vieja encina,
mientras las ovejas pacían,
Miguel, sí, Miguel,
pensó sus primeros versos
y soñó con ser poeta.
Soñando, soñando,
se hizo poeta, verso a verso,
del viento, sí, del viento
y del pueblo llano.
Después una guerra
inútil y sangrienta,
como todas las guerras,
por defender la libertad,
sí, la libertad,
puso barrotes a su cuerpo.

JOSÉ LUIS RUBIO -CONIL (ESPAÑA)-

HOMENAJE MUNDIAL VIRTUAL al poeta Miguel
Hernández
110 años de su nacimiento
Organizado por el poeta José Romero

EL ABRAZO DE LA LUNA

Como suaves gotas de rocío
pequeñas lágrimas resbalan
por la pureza de su cara
humedecen su blanca almohada
A un niño sus manos abraza
un niño sin vida en su rostro
unas manos la tierra que araña
esa tierra que envuelve su cuerpo
Un llanto la vuelve a la vida
regresa de un sueño eterno
entrega a su hijo a la tierra
ese hijo que vuelve a su templo
Ese llanto que pide alimento
carne de su carne
leche que no puede darle
sus pechos vacíos le duelen
su niño se muere de hambre
Miguel en su triste morada
su pena en palabras envuelve
un poema en nana convierte
que le manda por carta a su amada
Josefina a su hijo amamanta
y la leche le sabe a dulce miel
cuando ella le canta una nana
y en su recuerdo abraza a Miguel
La Luna alumbra ese cuarto
los descubre en la noche abrazados
ese cuarto con tanta pobreza
un niño que duerme saciado

parece que le ha sonreído
cuando su dulce voz le cantaba
con todo su amor al oído
La cebolla es dulce
la cebolla es escarcha
Duérmete mi niño
que la Luna en silencio te abraza

Antonia Macías Egea

HOMENAJE MUNDIAL VIRTUAL AL POETA:
MIGUEL HERNÁNDEZ
~~~~~~

RESPLANDOR TRAS LAS REJAS

Lentamente ascendieron tus pupilas
muy cerca de la nocturna estrella,
buscabas el amor de Josefina.
Tu corazón luchaba
entre escalas de niebla,
queriendo romper su cauce.
Voló hasta estrellarse
contra el acantilado abismo,
quedando muy distante de ella.
Un destino tirano cambió la ruta,
dejando tras las rejas
un rayo que no cesa.

Coco Loría Casanova
~~~~~~

HOMENAJE MUNDIAL VIRTUAL
Al poeta Miguel Hernández
110 Años de su nacimiento.

Canción última
Pintada, no vacía:
pintada está mi casa
del color de las grandes
pasiones y desgracias.
Regresará del llanto
adonde fue llevada
con su desierta mesa
con su ruinosa cama.
Florecerán los besos
sobre las almohadas.
Y en torno de los cuerpos
elevará la sábana
su intensa enredadera
nocturna, perfumada.
El odio se amortigua
detrás de la ventana.
Será la garra suave.
Dejadme la esperanza.

Jueves Verso

A MIGUEL HERNÁNDEZ

EL POETA MÁS PURO Y VERDADERO.
CAMINABAS CON TU REBAÑO
POR SENDEROS Y LADERAS,
IBAS TEJIENDO TUS LETRAS,
RODEANDO LAS MONTAÑAS
POR LAS TIERRAS DE ORIHUELA.
DONDE EL CIELO ROJO FORJABA
TUS SUEÑOS,
ILUMINANDO TUS POEMAS, QUE
HOY VIBRAN Y VAGAN POR EL UNIVERSO.
EN TU DURO LECHO TE QUEDASTE DORMIDO,
CON LOS OJOS ABIERTOS,
INTENTANDO CRUZAR AL OTRO LADO,
MIENTRAS ESCUCHABAS EL LLANTO DE TU
NIÑO.
TANTO HOMENAJE TE HAN HECHO Y TODOS
TAN MERECIDOS, QUE QUIERO LLEVAR
CONMIGO LA MAGNITUD DE TUS VERSOS

JOSEFINA CAMPO

HOMENAJE MUNDIAL VIRTUAL

al poeta Miguel Hernández
110 años de su nacimiento
Organizado por el poeta José Romero.
© Francisco Jesús López Sánchez.
A LA MEMORIA DE MIGUEL HERNÁNDEZ
Volverá a llover en las
cunetas, las palabras
de un hidalgo poeta.
Con sangre escribiste
tu dolor y agonía,
la esperanza y la lucha
de un país a la deriva.
El destino, de una patria
querida.
En tu pena quedó
tu fuerza, añoranzas, de
una tierra marchitada por
las secuelas de la injusticia.
Hoy más que nunca debemos
alzar tus versos.
Hoy debemos insistir en
la pluma de tu recuerdo.
Que tu sangre derramada
se tiña de esperanza.
Que tus palabras suenen
en cada recoveco, como
el eco que resuena en la
montaña, en las llanas
mesetas, y hasta en la
luminidad de la alborada.
Hoy los poetas te aclaman,
hoy lloran tu ausencia
en sus entrañas...
Pero dejaste el grano

germinado, dejaste la
poesía y la palabra
la fuerza y tu lucha.
Compañero del alma,
compañero.

Francisco Jesús López Sánchez

BARROTES DE ACERO
Desde la triste penumbra de tu celda
impregnado de sueños y utopías doliente el corazón herido y
añorando aquella realidad,
que pudo ser, pero que no ha sido.

Entre los fríos muros te encerraron encadenado y solo, con
la muerte ceñida a la garganta hasta donde llegabn lamentos
de otros presos y un canto vivo hasta quebrarse en llanto.
Te abriste el alma, la desgarraste para dejar salir de dentro
tus poemas y contarnos los avatares de tu vida de la guerra,
tras las rejas y tu infancia en los campos de Orihuela.
Barrotes de acero sobre tu fuerza rompedora,
oprimen el misterio penetrante de tus ojos,
y tu pensamiento a solas cae despacio esparciendo sobre las
cartas de tu amada.
En tu duro lecho te quedaste dormido callado y solo sin
lamentos,
esperando valiente tu destino, lentamente se aproximó la
sombra silenciosa y posó su mano sobre tu frente.
Grito' la noche, y el mundo aún llora,
aún llora por tu muerte,
hombre de corazón, coraje y fuego.

JOSEFINA CAMPO

Homenaje virtual mundial al poeta Miguel Hernández
En su 110 aniversario del nacimiento.

Tu alma colmenera
Tu alma colmenera
Me dejó un poema,
Tan impresa en mi alma... Lo
Que reconocí a una poetisa.
Desfalleciendo entre suspiros;
Fuiste a buscar a tu amigo,
En la noble calavera
Recordándole junto a tu higuera.
Entre los encajes de las nubes
En el cielo quedó escrito
En versos los azules
De los amores con instinto.
Allí quedaron las abarcas
Recorridas por las plazas,
En Orihuela, tu cuna,
Donde reside tu alma.
Animando con tus letras
Pastoreando en las madrugadas
Describas los atardeceres
Estudiando en las noches.
Creciste en sabiendas
En las aladas almas de las flores
Cuyo perfume rebosa
Entre versos y prosas.
En los arcos de las palmeras
En Alicante su morada ,
Esperan las golondrinas
En el puerto tu llegada.

Caterina Diez Gandía-España*
Miguel...
Trovador de sueños

jugando con letras
de tonos amargos
cubiertos de penas
Cabrero obligado.
Soledad del campo
junto a un cardo,
amargo del tiempo
Vuelas sin alas
con raíces y surcos,
rudas tierras aradas
en bancales abruptos
Rugen como león tus venas,
con la fuerza del viento,
cantas las penas
que gritan sin aliento
En ríos de pena callas
el hambre del cuerpo...
con una cebolla
cuentas un cuento
A la nana mi niño... siento
¡a la nana de escarcha!
y lloras en tu marcha
la pena, que llevas muy dentro
Viviste a destiempo
malos tiempos.
Vientos de los pueblos
que rugen tu cuerpo
La pena de muerte
acecha tu celda,
quedaste inerte
en tu morada
Muerte en vida,
sangrante , doliente.
Y tu alma abrazada...
a la vida en la muerte.
A Miguel Hernández

Homenaje Mundial al poeta en su 110 aniversario.
Realizado por José Romero

Conchi Sempere.
Alicante (España)
Titulo: A Miguel

Homenaje virtual mundial
al poeta Miguel Hernández
en su 110 Aniversario de su nacimiento.

Miguel, cuánto hubiera deseado
escribir estos versos junto a ti.
Ahora, injusticias de nuestra
historia, los tengo que escribir
lagrimeando entre nanas
de cebolla.
Miguel, no te hubiera gustado esto
ahora somos una sociedad aburguesada,
ya no tenemos ni máquinas
de escribir
y en el campo el jornalero
ya no tiene parangón
con los de tu tiempo.
Pues sí Miguel, pareces estar aquí
y un absurdo y tétrico
personaje de nuestra historia
nos hizo perderte
pero no te preocupes
anda ya enterrado ¡Cruel estampa del ayer!
Miguel, treinta y un año,
eras aún demasiado joven
cuánta crueldad derramada
por unos inhumanos idiotas.
Miguel, ahora ésto de la poesía
tampoco es lo que era
cuantos versos vacíos,
cuantos aplausos a versos en blanco
y por supuesto son poesías cómodas
huyendo de la crónica social
y primando la simpleza
de esta burguesía cultural.
Bueno Miguel, te dejo ya

!ah y a ver si nos vemos
y escribo junto a tí!

Francisco Javier Díaz Aguilera.
Agosto 2020.

HOMENAJE MUNDIAL VIRTUAL AL POETA MIGUEL
HERNÁNDEZ EN SU 110 ANIVERSARIO DEL
NACIMIENTO.
CON TU NOMBRE
Este sol y la brisa
se confabulan con tu nombre
gran poeta de cabras
—verso-naturaleza—;
rayo y trueno se citan
en la sonrisa de una madre triste
con olor a cebolla,
vértigo de trinchera.
De estiércol es tu sombra
que te hace campo y abono de poeta.
Alimentas tus cabras
de Garcilaso, Góngora y Quevedo
en el Parnaso de Orihuela.
Ya en la ciudad viven aquellos bueyes
que llevabas guardados en maleta.
Reclamas a veintisiete poetas
diciendo que sus rosas no son rosas
nada más son quimeras;
de tu huerto son las rosas verdaderas,
las aguas de tus ríos
son sangre de la tierra
entrañas que refrescan.
Subirás a los árboles de hierro
que adornan la ciudad en las aceras
con voz de ruiseñor desde una rama
harás canto, poema.
Tú, poeta del mundo,
otero de miseria,
crónica del yuntero
tu libertad en la muerte te espera.

© Juan Antonio Urbano Cardona

A Miguel Hernández
El hombre lirio
brotó con avidez
como una nívea explosión
entre los verdes trigales
y sobre las aceras de las grandes avenidas.
Y creció por encima de las espigas
más lustrosas.
Lució su estallido blanco
sobre los caminos,
en las trincheras de aquella sucia guerra,
en las plazas de todos los pueblos,
sobre las carreteras.
El hombre lirio
vistió su esperanza
en las celdas de todas las cárceles
hasta que una mañana azul de marzo
se tornó perenne primavera.

Javier Sánchez Durán
"Versos de un viajero confuso" ED. NIEBLA

EN LOS CAMPOS DE ORIHUELA
Los campos verde aceituna
siguen guardando aún el eco
de sus pasos en la bruma
atravesando los cerros.
No hay pie que no haya medido
su talla sobre su huella.
Si preguntas a los niños
cuando vuelven de la escuela
quien fue el Miguel cuyos versos
en la cuna de Orihuela
bebió del viento del pueblo
y donde anida su estrella,
te dirán que está en los campos,
en las calles, y a la vera
del río que baja cantando
sus versos sobre las piedras.
Los más ancianos dirán
que la aceituna es más verde
desde que Miguel clamando
alzó a los aceituneros.
Las cebollas desde entonces
son nanas para los sueños
de los niños cuyas madres
pasan las noches cosiendo.
Fue el poeta quien dio nombre
y voz a la tierra yerma,
Miguel Hernández no ha muerto
su palabra se alza, pura,
sembrada sobre la hierba.

Manoli Vicente Fernández
MVF©

HOMENAJE MUNDIAL VIRTUAL AL POETA
MIGUEL HERNÁNDEZ EN SU 110 ANIVERSARIO
DEL NACIMIENTO.

A Miguel Hernández

Tus versos son del pueblo
que araña la tierra;
del que va a la oficina con arduo sacrificio
de horas arrebatadas a la vida;
del que trabaja al sol
sin una sombra dulce que lo cubra.
Tu tiempo fue sangriento e injusto.
Ahora también se llora y se sufre.
Los poemas que brotaron de tu rayo herido
han recorrido los días y las noches
para mostrarnos el humilde camino,
el de la verdad y la belleza de las cosas.
De la esperanza. Siempre.
Aunque los vientos se acerquen a la puerta
con remolinos desatados y absurdos.
Miguel, luchador del lirismo y la agonía,
de la pobreza rica en corazón y argumentos,
te seguimos necesitando,
hoy como antes,
para dar luz a nuestra confusión y a nuestras sombras
con tu poesía desgarrada y de amor puro.
Tus abarcas ya no están vacías, Poeta.

MARÍA JOSÉ VIZ BLANCO. 11/08/2020

HOMENAJE MUNDIAL VIRTUAL
al poeta Miguel Hernández
110 años de su nacimiento
Organizado por el poeta José
Romero

Autora:
Rocío Biedma
 (Jaén)
Donde existes Poeta
(A Miguel Hernández)
"Vuela niño en la doble
luna del pecho:
él, triste de cebolla,
tú satisfecho.
No te derrumbes.
No sepas lo que pasa
ni lo que ocurre".
Miguel Hernández
Existes Miguel
irrumpiendo los días con palabras,
sesgado del cordón umbilical,
que fragmenta tu juicio cual hogaza de pan;
y respiras tu amor lacerado,
con la cadencia del aceite,
entre códigos de sal, sueños rotos, hambre,
y elegías indelebles.
Existes Miguel
entre versos constelados,
con la espalda encorvada,
porque la soledad pesa,
venteando sudarios con los brazos endebles,
hendiendo un mar de olivos
como navío al viento.
Existes Miguel

en los nudos agónicos del tronco del olivo.
Entre la calle Llana (detrás de mi ventana)
y el frente Sur, eco de tu luna entre cenizas,
de una mujer Quesadeña,
morena resuelta en lunas,
que hilo a hilo te enhebra,
alcuza de amor, donde reposa tu memoria.
Existes Miguel
con la tristeza del frío cuando está preso.
Y entreabres tu humilde grandeza
efímera y febril, con nanas de escarcha,
pastoreo infantil, pena de muerte,
sangre en la voz, viento y nada,
con tres heridas silentes.
Y anhelo vivir en ti,
amarte en tu presencia,
romperme en tus versos;
saberte padre, amante esposo,
amigo fiel, compañero,
y habitar tu rayo que no cesa,
donde existes indemne, poeta.

Rocío Biedma

HOMENAJE VIRTUAL MUNDIAL A MIGUEL
HERNÁNDEZ
LAMENTO

(Humilde y sentido homenaje
a la Elegía a Ramón Sijé,
de Miguel Hernández)

Tu elegía estrangula mi sentido.
Apenas puedo liberar mi aliento,
trabado por tu verso enardecido.
Un gran dolor, lanzado al mismo viento,
se clava en el costado de mis letras,
y agranda sin querer mi abatimiento
que se refleja en mis sombrías cejas.
Tu agonía desguaza mi lamento
que estalla en tristes lágrimas de quejas.
Yo me postro, enclaustrada entre tu acento,
por las trágicas sílabas que escribes
que de angustia dilatan lo que siento.
No habrá mayor sollozo que el que vives,
llaga más insondable que esta pena
úlcera peor que la que describes.
No habrá perdón para la muerte ajena,
ni cura para esta condena bronca,
ni dulce calma en la amplia mar serena.
No habrá besos de mieles en tu boca,
ni nata en el almendro floreado,
solo el duro penar que te trastoca.
Será Ramón, tu amigo el deseado,
quien recite tu verso conmovido
con verdadera voz de enamorado.
El rastro del dolor, ya sucumbido
al roce de su noble calavera,
sosegará tu corazón destruido.
Puede que converséis en la quimera

del huerto que cultivará su fruto
y alumbrará de sonrisas la higuera.
Puede que de este sinsabor hirsuto
nazca el perdón para la insana culpa
y alivie el corazón del negro luto.
Que el paladar disfrute de la pulpa
que engendran las abejas colmeneras
y deguste el sabor de la disculpa.
Que trepe tu alma por la enredadera
del cuerpo de tu sollozado amigo
que ya alcanzó la gloria verdadera.
Que sea el clamor, del verso que se ha hundido,
el que impregne de ceras y labores
el brotar del querer ya fallecido.
Que sean los acordes de tus honores
los que abriguen los huesos de su tumba,
cubriéndolos con pétalos de flores.
Tu gran pesar sucumbe en la penumbra
al hilván de tu aroma entre mis coplas.
Yo me impregno de su eco, que retumba,
y entre mis labios enmudecen locas.

Macarena Alonso
(Poemario Cicatrices de Esperanza)

TE REGALO UNA FLOR

Dicen de aquel pastor
que se sentaba en el campo,
poesía escribía
pues disponía de tiempo.
Talento no le faltaba
pues era su sentimiento,
a todos el deleita
con su rima y sentimiento,
que a todos enamoraba .
Puro el saber de Miguel
que legado nos dejó,
Pues mira que desde ayer
sigue en mi corazón ,
su buen saber y entender.
Y de su penosa vida
y de todo lo que pasó,
Toda llena de penuria
y en sus versos con dolor;
llenos de pan y cebolla.
En este su aniversario
poesía linda y un clamor,
que eres el más grande
que en Orihuela nació ,
Miguel que nadie te olvide,
pues es poeta de poetas
y yo te regaló una flor .

M Jesús Sarmiento
España
Agosto 2020DR

Os dejo mi poema dedicado a Miguel Hernández. Muchas gracias,

NADA

"Rojo el odio y nutrido. El amor pálido y solo. Miguel Hernández".
"Y después del amor..." Se me olvidó tu boca.
Tus ojos prendidos de quimeras.
El roce de tu piel en el agua.
Tu nombre disfrazado de lunas.
El instante que un día nos besó.
La roja ondulación de tu falda.
El recuerdo de los lirios en tu ombligo.
La mañana ungida de deseos...
Solo nos quedó el silencio.
Una pálida sonrisa en una ventana.
El abrigo frustrado en el perchero.
Dos tazas desfallecidas.
Un moribundo latido.
Nada.

María Coronado

ВИРТУАЛНИ СВЕТСКИ ТРИБУТ
песнику Мигелу Хернандезу
110 година његовог рођења

MIGUEL HERNANDEZ -

akrostih
Mio svetao lik
Inspiriše svojom poezijom
Grudno združene pesnike
U pisanju elegično emotivne poezije
Eminentnim stavom
Lagodnim vihorom.
Hrleći u nebeske visine
Emotivnim inspiracijama
Razumnim prikazom
Naslućujući stvarnost
A, romantičnim duhom
Nadograđivao emocije
Do savršenstva
Elegičnim obeležjem
Zadivljujućim opisima.

HOMENAJE MUNDIAL VIRTUAL
Al poeta Miguel Hernández
110 años de su nacimiento
Organizado por José Romero
Yoossett Huelva

" Si hay hombres que contienen un alma sin fronteras,
una esparcida frente de mundiales cabellos,
cubierta de horizontes, barcos y cordilleras, con arena y con nieve,
tú
eres uno de aquellos..."

Poeta del pueblo, del hambre y yugo del alma,
yo te canto...
Y como animal enraizado
son tus versos de luna,
garra suave de esperanza.

Y mis dunas son tu sed
y tus palabras,
la mía,
como bocas que nunca se han perdido
después de beberse
el pecho abierto.

Corazón revuelto,
puño en alto verso,
besando más allá de la tierra.

"A través de tus huesos
irán los olivares
desplegando en la tierra
sus más férreas raíces,
abrazando a los hombres universal,
fielmente ".

Siempre
eterno siempre..   Beatriz Bernabé

LAS REJAS

En la inmensa pradera y cerca de tu rebaño ibas hilando tus
versos por los campos de Orihuela.
Voló tu alma una triste madrugada
atravesando los muros,
dejando atrás las miserias y los ruidos de cadenas.
Sufrida vida de sepultura,
angustia de vida rota,
perdida esperanza de la cultura.
Muerte y vida toda junta,
lloran por ti en las catacumbas.
Nadie pudo cerrar tus grandes ojos
contemplando la vida que te robaron,
mirando un cielo al fin sin rejas.

Josefina campo

HOMENAJE MUNDIAL AL POETA MIGUEL HERNANDEZ .
Onomástica de la muerte hace 110 años.
Organizado por José Romero.
Poeta Autor: Antonio Navarro Rojas.
Seudónimo: Tony Rojas. (España).

TITULO: A LA PLUMA DE MIGUEL

-Solo quiero yo buscarte
poeta que anda de frente,
y me consuela el instante
que se clava como estilete.
-Es tu lápiz deseado
y tú poesía la nuestra,
solo quiero yo leerte
y a momentos recitarte.
-Poeta , pastor y su higuera
que en el aire recreaste,
el sabor de tu Orihuela
en la huerta y en su monte.
-En horas tenues se oye
como baja tu rebaño,
y ese cencerro de cobre
que aún escucho cuando canto.
-Tu para mi no has muerto
ni tu poesía tampoco,
solo se quedó el huerto
y la morera es de otro.
-Quien te quiso hacer daño
dulce poeta romántico,
que con tu pan y cebolla
caminabas sin cansancio.
-Que hermosura tu pericia
aunque lo fuese en lunas,
tu que siempre vas y mimas

con tu linda poesía.
-Esa habitación cerrada
ese camastro viejo,
eso te quitó la vida
y no aceptamos tu divorcio.
-Que lo bueno se repita
poeta y pastor de lo bueno,
docto y mágico que reta
libre el pasar del tiempo.
...Dios te guarde y te bendiga,
pues tu rima yo me guardo.

Tony Rojas.
Agosto/2020 D.R.

Homenaje Mundial Virtual
al Poeta Miguel Hernández 110 años de su nacimiento.
Organizado por el Poeta José Romero (Joossett Huelva).

POEMA:
A MIGUEL HERNÁNDEZ, UN GRANDE.
AUTORA: Agustina Acuña
A MIGUEL HERNÁNDEZ,
UN GRANDE.

A pesar del tiempo transcurrido, veo en tus ojos una
inmensa tristeza por haber dejado inconclusos muy a tu
pesar, muchos de tus grandes sueños por los que luchaste.
Siento una gran pena... conocer que sufriste desde muy niño,
me llena de rabia la oscuridad mental de un padre, que no
supo ver ni conducir tus deseos y aspiraciones de gran poeta.
Que fuerte es sin luz aprender a leer, tu signo no fue
marcado para pastorear cabras en el monte... Y por eso tu
amor por la lectura te formó golpe a golpe.
A pesar de ello... Te zambulliste a nadar en las aguas del siglo
de oro con los grandes: Cervantes, López de Vega, Calderón
de la Barca, Góngora y Juan Ramón Jiménez.
Y como gran autodidacta
te nutriste de Verlaine, Virgilio, Baudelaire, Bécquer,
Espronceda, Rubén Darío.
Y que alegría... llegaste a conocer a nuestro gran poeta
Peruano César Vallejo, con quien un Congreso Internacional
compartiste.
E igual que Vallejo que pasó sus últimos días en extrema
pobreza, tú también poeta, pues era tanta... Que te viste
obligado a escribir en hojas de papel higiénico tu Cancionero
y Romancero de Ausencias, publicado después de tu muerte.
Te fuiste tan joven llevándote
tus ideas y gritos de libertad

y lealtad por los pueblos oprimidos. Pero sobre todo el dolor de partir dejando a tu hijo y esposa sólo con pan y cebolla conforme lo escribiste en "Nanas de la cebolla"
Y es ahora que corresponde
a España dar a conocer tu obra, tu trayectoria, sacarla a la luz y darle brillo por todo lo sufrido en vida, por darle libertad a tu Patria y querer lo mejor para su gente humilde.
Gloria a tu nombre Poeta Miguel Hernández, grande en humildad, valores y por que jamás renunciaste a tus ideales. Siéndo hoy un símbolo para quienes les gusta transmitir lo bello, lo mejor a través de su pluma.

Agustina Acuña
Lima Perú, 6 julio 2 020.

HOMENAJE MUNDIAL VIRTUAL
Al poeta Miguel Hernández
110 años de su nacimiento
Organizado por José Romero
Yoossett Huelva

" Luz de poeta"

Poeta de piel longeva
y de los años cansados
de opresión e injusticia.
Poeta de luz dispersa
navegando en la madre patria,
que ahogó tus sueños,
conspirando por un mundo mejor.
Quedaste flotando entre el abisal despotismo de tus
detractores,
víctima de tus recalcitrantes convicciones,
partiste bajo la claridad de las sombras
de tus tristes ojos abiertos,
ojos abiertos hacia un mañana
usurpador de tus fervientes anhelos
que se despojaron y no llegaron.
Tus ojos nostálgicos, confundidos
con la valentía de la libertad de tus versos, mientras tu ser se
apagó en silencio,
entre el deseo y la tortura.
Mas tu huella se ilumina sempiterna
con la luz de tu audaz poesía,
la luz de los que ganan y guían
aún en sus fulgurantes guerras perdidas.

Jenny Zarit Bautista Rojas

HOMENAJE MUNDIAL VIRTUAL
Al poeta Miguel Hernández
110 años de su nacimiento
Organizado por José Romero
Yoossett Huelva

TUS HUELLAS SIGUEN...
La flor del poema
germina en mis manos,
tinta recogida en tu patio,
en las calles de tu pueblo,
en la gentileza de tus vecinos
que dan fuertes los abrazos.
Llegan las letras con vida
a picotearme para salir,
cada vez que vengo aquí,
que recito tus poemas
y el alma se me llena,
como tú zurrón de pastor,
de abundante inspiración
abastecida cual luna llena.
Recorro tus calles,
tus huellas siguen tan dignas,
que me hacen peregrina,
de una historia latente,
de tu poesía compartida,
que sembraste para siempre.

Mayte Salguero

Homenaje mundial virtual a Miguel Hernández a 110 años de su nacimiento.
Coordinado por Yossett Huelva.
Participante: Ana Laura García Solache.
País: México.

Título: Poeta Campesino y más.

El poeta pastor, que ama los cielos, los campos, chapulines y lagartijas.
Escribe temprano bajo el cobijo del frondoso árbol mientras observa el azul del cielo y los verdes pastos donde pasivas comen sus ovejas.
Las letras lo guían llevándole a Madrid, escribiendo entonces cuál Neruda sus versos impuros lo alejan de intelectuales y de su fe.
Miembro comunista lleva cultura a zonas españolas de poca suerte retribuidas.
Más delante miembro de el batallón campesino perece encarcelado en el 1942.
Tenía recién 31 añitos y en su último adiós se despide en versos de esposa, camaradas , desde aquella fría celda de Alicante ,pero principalmente su adiós es para el sol, el trigo y de esos poemas de juventud que el mismo escribió.
Aquellos a la ermita campesina, que al repicar de campanas festeja la fresca brisa en la cara.
Del rato que no cesa y plasma sentidamente injusticias, amores con aquella su inquieta tinta.
Del viento del pueblo, ausencias y nanas de la cebolla que de ellas solo el recuerdo queda.
Desapareció en la oscuridad y deber de España es recordarle a plena luz que hay ruiseñores que cantan a sus poemas de guerra.
A tan generoso ser humano de Orihuela que a su ruidosa cama escribió, campesino que jamás se rindió.
En su adiós murmuró dejadme la esperanza para decir adiós, en donde florecen los besos.
Las pasiones y desgracias yo me voy leyendo mi última canción.

Autora: Ana Laura García Solache.

HOMENAJE MUNDIAL VIRTUAL
Al poeta Miguel Hernández
110 años de su nacimiento
Organizado por José Romero

Yoossett Huelva

Poeta Miguel,
Tu que escribiste
con corazón al descubierto,
con lagrimas, en tu ojos,
pero también con sonrisa
reflejabas en tu cara.
Te conocí en otro tiempo
Y en otro País leí de ti,
Poemas que arrancaste de tu pecho con dolor, pasion, y
amor
escribiste de ti,
de lo que sentías, veías, y viviste
tu allí encerrado en celda fría,
Mas nunca dejaste morir esa pluma que acompañaba tu
existir,
Hay Miguel robaron tu infancia,
tu juventud, y terminaron tu vejes,
Pero tus poemas, aun siguen vivos, viajando por senderos,
ciudades
y cruzando océanos, mares
para llegar otro País,
te conocí en otro tiempo en otra etapa,
y parece que llevo años sabiendo de ti.

Demis 8-2-2020.
Demispoemasyalarte

HOMENAJE MUNDIAL VIRTUAL
al poeta Miguel Hernández
110 años de su nacimiento
Organizado por el poeta José Romero

CANCIÓN ÚLTIMA

Pintada, no vacía
pintada está mi casa
del color de las grandes
pasiones y desgracias.
Regresará del llanto
adonde fue llevada
con su desierta mesa,
con su ruinosa cama.
Florecerán los besos
sobre las almohadas.
Y en torno de los cuerpos
elevará la sábana
su intensa enredadera
nocturna, perfumada.
El odio se amortigua
detrás de la ventana.
Será la garra suave.
Dejadme la esperanza.
Miguel Hernandez.

LLAVE POÉTICA

Forjado fuiste con golpes,
fuego y agua en la fragua de la vida.
con tu poesía abrías cerraduras,
sabías la espantosa
situación de tu sangre,
tras la paz no encontrada
lamentablemente solo,
llorabas tu desventura

Homenaje Mundial Virtual en Facebook a Miguel Hernández

desde tu morada fría
en tu romance de cierre
reconociéndote perdido
con tres heridas fatales:
la de la vida...la de la muerte...la del amor
con tu llave poética,
plasmabas gritos de esperanza
para no añadir una herida más... la del olvido.

Clara Salas

ODA AL POETA DE ORIHUELA.
La noche negra te abrazó en su seno,
gélido fue tu destino que careció de luz
mientras como fontana
la Gaya a modo de manantial
fluyó de tu altruista alma.

.

Hoy, los vientos de tu pueblo
claman tu bendita presencia
rociados de tu espíritu divino,
y como lanzas escupen tus versos
que en su vuelo penetraron
en mi humilde alma de poeta
esparciéndose por todo el planeta.

.

En lo que Isla Negra, México
y todos tus hermanos los poetas
hacen de tu recuerdo la Oda más perfecta
unidos todos tomados de la mano aun en la distancia.
No nos fue posible alcanzarte,
tal vez en otras lunas
en otros cielos
en otros vuelos el rayo cese
y nuestras almas se unan
a los viejos vientos de nuestros pueblos
y al fin cantemos juntos todos como hermanos
el romancero de nuestras ausencias.

Autora: Mª Gloria Carreón Zapata
Mexicana.
Participando en la Antología: Mil Poemas a Miguel
Hernández.

Homenaje Mundial Virtual a Miguel Hernández en su 110 aniversario de su nacimiento.
Coordinado por el poeta José Romero
Yoossett Huelva

Miguel Hernández.
Abrieron las ventanas de la vida,
una vida a destiempo concebida,
cuando los reyes magos seniles,
olvidaban los regalos infantiles.
Eras pobre y tu frente,
no coronaba giraldas de colores,
ni tus pies zapatos soportaban,
más que zapatillas, sin cordones.
Llamó tu atención un jardín,
de naranjos y azahares,
un campo con corderos,
y ríos de lágrimas pobres.
¿Qué látigo fustigó tus sueños?
Tu mirada invadida de miseria,
voladores pensamientos,
y un universo fulgurante de estrellas.
¿Qué esperanza se truncó en la noche?,
¿Qué poemas quedaron en tus manos?
¿Quién hirió la edad temprana?
¿Cuándo supiste que leer era necesario?
Secretos de lágrimas de un pueblo,
imparable tu ilusión avanza, tejedor de palabras,
tramador de sueños gritabas al viento,
Libertad para mi pueblo.
¡LIBERTAD!

María Angustias Moreno Barrios

HOMENAJE MUNDIAL VIRTUAL
al Poeta MIGUEL HERNÁNDEZ
110 años de su nacimiento.
Organizado por el poeta José Romero
NO SÉ POR QUÉ
Miguel como mi abuelo
arcángel sin venera,
heredó pastoreo
caminos sin veredas.
Verde campo a lo lejos,
gris que vida refleja,
Guernica en bocetos
otros intuyen rejas.
Trashumante cerebro
plumas en faltriquera
oficioso cabrero
libre pasando Huelva.
¿Dónde termina un sueño?,
Rosal en la frontera,
tal vez por El Almendro
raya a través sin celda.
Sin pertrechos de fuego
también se ganan guerras,
escritos para un pueblo
que por suerte te hereda.
Palabras cuando leo,
nana, tristes o cesa,
activan un recuerdo
turbando mi cabeza.
Tu legado es eterno
en música y escuelas,
y yo te homenajeo
con todas mis carencias.

G.L.S. 2/8/20

Homenaje Mundial virtual, 110 años de su nacimiento.
Organizado por el poeta José Romero

REGRESARÁ DEL LLANTO

"Regresará del llanto
adonde fue llevada
con su desierta mesa
con su ruinosa cama...".
Miguel Hernández, poeta español
Hoy, ha sido un día donde se desprenden
las piedras sobre una tumba
y una sombra llega tarde a los funerales
de un invierno gris
cubierto de dolor.
Hoy, se han soltado las amarras de las duras penas,
mientras deslizo una mirada a las cruces de las ausencias
en la mesa de Santiago y en la cuna de Orihuela.
Mutilada la pólvora, rendido el fusil,
hoy recorro las siluetas de los rostros
en las batallas,
la de Pedro Rojas
y de aquellas que se fundieron
con el dolor y las palabras.
El gran cóndor de América
agita su verbo al tañer de una campana
y sobre un pecho duro
donde yacen la fragua de un río
cubre con sus alas
el candor de sus entrañas
y la libertad, hecho grito

Cesar Casas

Homenaje mundial virtual al poeta Miguel Hernández.
110 años de su nacimiento.
Organizado por el poeta JOSÉ ROMERO.

INTERLUDIO

Un bruñido amanecer de octubre
Nos diste tu primer llanto
Orihuela fue testigo
Del nacimiento de un santo.
Tu voz de pastor resuena
Desde lo alto del monte
Crepita tu alma, Miguel,
Inmersa en un mundo cruel.
Eres como una fontana
Que no cesa de brotar
Eres luna, eres viento
Eres la nana que calma sin aspaviento.
Yo navego entre tus versos
Poeta, genial epígono,
Luz de tierra, veloz rayo.

ELBA MABEL OTTAVIANO

HOMENAJE MUNDIAL VIRTUAL
al poeta Miguel Hernández
110 años de su nacimiento

Busco la cebolla del tiempo
me la das de tu mano de poeta
trato de abrirla
pero la pobreza me embarga
en el hielo negro del hambre.
Un niño gime
en la cuna redonda
Tomando tu sabor
cebolla de azúcar.
La madre curtida de lunas
Rie con el niño
Y son libres de soledades
Defienden la cuna
como lugar de paz

Mariela Lugo

Con el presente poema quiero contribuir al HOMENAJE
MUNDIAL VIRTUAL a Miguel Hernández, organizada por
el poeta Yoosset Huelva.

Me supo a tu nombre
la tierra que palpé,
por la que descalzo anduve
con las alpargatas al cuello;
las cañas, las del río,
barrotes me imaginé
llenándome de congoja;
asfixiándome, al pensarte,
fiel reflejo, indomable,
de un campo de cebollas
que plañeron por ti.
Segoviana guitarra
que rompe a llorar
al escuchar recitar
tu poema a la higuera.
Escudriñando mis entrañas
llegaron a mí tus lamentos
junto a tristes golondrinas
que por espanto migraron.
¿A ti qué te hicieron jilguero?
¿Por qué te amputaron tus alas?
Eres, Miguel, el rayo que no cesa,
el que me alumbra el camino,
el que señala el sendero.
Es la higuera de tu huerto
la que a mí me transmitió
el talante de tus versos.
Entre la arena y la piedra,
esa oda a Vicentazo,
por la ayuda que prestó...
¡cuánto me emocionó!
El último rincón, tosiendo,

me señalaste, yuntero,
antes de partir, treintañero,
a un campo de amapolas
de enrojecidos colores.
¡Tu juventud sí murió!
¡Tu verbo no feneció!
Tú, poquito poeta no eras…
ya lo apreció Juan Ramón.
Pocos son los que consiguen
tocar en el corazón
a todo el que les leyó…
¡de pleno lo conseguiste!

Juan Francisco Santana Domínguez

110 años del nacimiento

Homenaje Mundial Virtual al poeta Miguel Hernández.
110 años de su nacimiento.
Organizado por el poeta José Romero
Título del poema: CANCIÓN ÚLTIMA

Pintada, no vacía:
pintada está mi casa
del color de las grandes
pasiones y desgracias.
Regresará del llanto
adonde fue llevada
con su desierta mesa
con su ruidosa cama.
Florecerán los besos
sobre las almohadas.
Y en torno de los cuerpos
elevará la sábana
su intensa enredadera
nocturna, perfumada.
El odio se amortigua
detrás de la ventana.
Será la garra suave.
Dejadme la esperanza.
Miguel Hernández

Lola Guevara Garrido

HOMENAJE MUNDIAL VIRTUAL
Al poeta Miguel Hernández
110 años de su nacimiento
Organizado por José Romero

Pastoreando esta el muchacho Miguel,
Cuidando de la ovejas en la sierra El esta,
más sigue aprendiendo,
pues desea más y más,
Pues su pasión le llama
a escribir de su bello pueblo Orihuela
aun escondiéndose de su Padre
inspirado por su tierra.
Y su huerto,
Y que buena es la tierra de mi huerta!
hace un olor a madre que enamora.
Tu lápiz escribió de lo que veías
y aun de lo que sentías,
Amaste lo más bello de lo bello,
El cementerio esta cerca
de donde tú y yo dormiremos,
entre nopales azules;
pitas azules y niños,
sangre remota,
remoto cuerpo,
dentro de todo;
dentro, muy dentro
de mis pasiones, de mis deseos.
Hay muchacho
amante de la tinta de tu pluma.
Moriste, más tu recuerdo,
han llegado a las tierras más lejanas,
que tú mismo no podrías imaginar.
Eres un rayo que no cesara jamás.
Tus poemas llegaron más allá de España,
aun mas allá de Roma, y más aun
más allá del océano atlántico.

Demis.

HOMENAJE MUNDIAL VIRTUAL
al poeta Miguel Hernández
110 años de su nacimiento
Organizado por el poeta José Romero

MIGUEL HERNÁNDEZ, poeta de la pena
la pena del poeta
I
Enamorado y solo
atrás dejaste el cayado, el barro,
la pelea con la vida
y las abejas zumban
ahora en mi oído
suplicándome, a mí,
que no soy nada,
que te traiga otra vez,
que te siembre
Mas tu simiente está bien enraizada,
lleva años creciendo
entre tormentas y entre quejas
Desgarrando la noche con tus palabras,
salpicando el suelo con tus lágrimas perennes,
los corazones palpitan cada vez más fuerte
II
La pena se ha quedado sin nadie que le cante,
se la oye vagar lenta en el espacio,
flotar en el agua de los hombres
y, a veces,
hasta se vuelve violenta
por no compartir contigo sudores, lágrimas y
amores
Ya no hay pena que valga sin tu canto,
porque el canto rueda y nos deja solos,
nos lleva la delantera,
y mientras nosotros nos quedamos,
nos morimos,

el canto,
nuestro canto,
que es tu canto, Miguel,
continúa la vereda
Continúa la senda de la vida,
arrostrando sentimientos duros
como piedras milenarias
que por el día el sol calienta
III
Descansa en paz,
que ni el silbo ni el rayo te despierten
Los que sentimos la pena en las entrañas
te velamos leyéndote
y nos acompañas
sin pedirnos nada
Duerme por fin ahora tranquilo,
porque tú eres el puente que nos une
con el alma
El viento del pueblo sopla fuerte,
nos cuenta tus palabras,
nos besa,
y nos quedamos callados,
ateridos,
con un nudo en la garganta
cada vez que presentimos que estás llenando la estancia,
que estás pisando un barbecho,
y nos sonríes
y te marchas
y nos dejas esta soledad en el pecho,
y ya no sabemos qué hacer
si no es gritar en voz muy alta
que te hemos visto y nos has visto,
que aún no has muerto,
a pesar de tu muerte diaria,
a pesar de tu muerte asesinada.

Alberto Morate

Homenaje Mundial Virtual a Miguel Hernández
Coordinado por el poeta José Romero (yoossett)

Iris Miranda

Ala violeta
Suya ha sido en la alquimia, la violeta
de un adiós sin abrazo ni aguacero
un perfumado amor de cometa,
mariposa inadvertida de un sendero
desamor que transmuta
lumbre serena de intensos fuegos
el ácido rocío
en verso de piedras y de olas.
Despierta, ala de los púrpuras,
tallo de cielo, vuelo inesperado
suelo de alas en los labios del amado
y sueñe el pétalo que viaja
y que se posa
y el ala sienta su raíz besada
que es solo un sueño que se aleja
que es solo distancia.

(Ala violeta en Óptica del desierto de Iris Mianda, 2013)

HOMENAJE MUNDIAL VIRTUAL
al poeta Miguel Hernández
110 años de su nacimiento
Organizado por el poeta José Romero

Pastor de cabras en campos alicantinos
imaginaba pasar de un horizonte a otro
atravesando fronteras, rompiendo barreras
descubrió la vida, la naturaleza , la poesía
Cuidando las palabras, las sonrisas de las cabras
la luminosidad del cielo y otras señales
le comunicaban que la palabra era acertada
palabra a palabra verso a verso
hacían de sus ideas poemas
cantos de libertad expresada
naturaleza de amor convertida en verbo
Inocencia juvenil, ansiando cantar a la libertad
ideales cantados represaliados
privado de amigos familia y lo que más quería
La Libertad!!!
Pero un hombre encerrado
puede pensar con libertad
y ponerla por escrito
y dar la a conocer a la humanidad
"Escribí en el arenal
los tres nombres de la vida:
vida, muerte, amor.
Una ráfaga de mar,
tantas claras veces ida,
vino y los borró."
Cuando te fuiste
nadie te compuso una elegía
pidiendo perdón a la tierra y a la nada
temprano madrugo la madrugada
temprano te fuiste sin despedirte

Con estos versos te digo
hasta siempre Miguel
adiós Miguel Hernandez

<u>Eduardo Bellver Alberola</u>

Con estos versos te digo
hasta siempre Miguel
adiós Miguel Hernandez

110 años del nacimiento

Mi homenaje a Miguel Hernández

La noche se hizo más oscura
cuando respiraste por última vez.
Tu voz ya no se escucha.
La cárcel ya no tiene quién le recite.
Te fuiste con los ideales intactos.
De tu boca ya no salen poemas
cantados con el corazón,
intentando arreglar el mundo
y denunciando la tiranía.
Miguel pastor
Miguel cabrero
Miguel lector
Las musas rondaron tu pasión:
¡leer, aprender!
¡comprender, escuchar!
¡libertad para vivir!
No concebiste la vida palaciega;
no podías pasar de la injusticia;
sacrificaste el amor, la familia, los amigos.
¡Sufriste por tu país destrozado!
Te arrancaron la vida sin compasión.
Tu legado quedó íntegro para los que quedaron.
Tu obra, un regalo para los que
después te descubrimos.
Miguel pastor.
Miguel cabrero.
Miguel lector.

Mª Carmen Azaustre Lorenzo
Poeta del Guadiana, de la Paz
Poeta del mundo

Autora: Ma. Concepción Rodríguez de León
México
EN MEMORIA A EL POETA MIGUEL HERNANDEZ
-ARAS DE LA JUSTICIA
Llora el cielo
Gime la tierra
El astro rey se opaca
Quieren borrar la huella
Las letras y hasta el nombre...
De quien fue un niño yuntero
Quien empuño el fusil
Pero la pluma primero
Gritan los montes
Claman los valles
Susurra el viento
El nombre del gran justiciero
Desgajo el hilo de la cebolla
En aras de la justicia
Clamando desde una celda injusta
La libertad que el merecía

MCRL 04/12/2020
Derechos Reservados

Luis Endrino Fuentes

Poema dedicado a Miguel Hernández.

DANZANDO EN LA MUERTE
Roto mi cuerpo evita
la sangre y el llanto,
brazos que inundan los suelos,
los pueblos y el campo.
Me vuelvo para desterrar
el dolor ajeno
y encuentro mi piel devorada
por perros rastreros.
Mi rastro seduce a la muerte
que no me ve eterno,
y siempre la miro de frente
aunque sienta miedo.
Voy a seguir adelante
con mi grito con eco,
para salvar a los hijos
del pan y los sueños.
Si esto sucede
y ya no me encuentran,
estaré bailando en la muerte
por la paz eterna.

Luis Endrino Fuentes ©

Manuel Pazo Maside

«… De nuestra sangre ahora surten crestas,
espolones, cerezas y amarantos;
nuestra sangre de sol sobre la trilla
vibra martillos, alimenta fraguas…»
Miguel… el recuerdo que no cesa en el aniversario de tu
nacimiento.
«Sonreídme»
Vengo muy satisfecho de librarme
de la serpiente de las múltiples cúpulas,
la serpiente escamada de casullas y cálices:
su cola puso acíbar en mi boca, sus anillos verdugos
reprimieron y malaventuraron la nudosa sangre de mi
corazón.
Vengo muy dolorido de aquel infierno de incensarios locos,
de aquella boba gloria: sonreídme.
Sonreídme, que voy
a donde estáis vosotros los de siempre,
los que cubrís de espigas y racimos la boca del que nos
escupe, los que conmigo en surcos, andamios, fraguas,
hornos,
os arrancáis la corona del sudor a diario.
Me libré de los templos: sonreídme,
donde me consumía con tristeza de lámpara
encerrado en el poco aire de los sagrarios.
Salté al monte de donde procedo,
a las viñas donde halla tanta hermana mi sangre, a vuestra
compañía de relativo barro.
Agrupo mi hambre, mis penas y estas cicatrices que llevo de
tratar piedras y hachas a vuestras hambres, vuestras penas y
vuestra herrada carne,
porque para calmar nuestra desesperación de toros
castigados
habremos de agruparnos oceánicamente.
Nubes tempestuosas de herramientas

para un cielo de manos vengativas
no es preciso.
Ya relampaguean
las hachas y las hoces con su metal crispado, ya truenan los
martillos y los mazos sobre los pensamientos de los que nos
han hecho burros de carga y bueyes de labor.
Salta el capitalista de su cochino lujo,

Huyen los arzobispos de sus mitras obscenas, los notarios y
los registradores de la propiedad caen aplastados bajo
furiosos protocolos, los curas se deciden a ser hombres y
abierta ya la jaula donde actúa de león queda el oro en la más
espantosa miseria.
En vuestros puños quiero ver rayos contrayéndose,
quiero ver a la cólera tirándoos de las cejas,
la cólera me nubla todas las cosas dentro del corazón
sintiendo el martillazo del hambre en el ombligo, viendo a
mi hermana helarse mientras lava la ropa,
viendo a mi madre siempre en ayuno forzoso, viéndonos en
este estado capaz de impacientar a los mismos corderos que
jamás se impacientan.
Habrá que ver la tierra estercolada
con las injustas sangres,
habrá que ver la media vuelta fiera de la hoz ajustándose a
las nucas,
habrá que verlo todo notablemente impasibles, habrá que
hacerlo todo sufriendo un poco menos de lo que ahora
sufrimos bajo el hambre, que nos hace alargar las inocentes
manos animales hacia el robo y el crimen salvadores.
Miguel Hernández

(De: Poemas sueltos III)

<u>Chus Castro</u>

HOMENAJE MUNDIAL VIRTUAL
al poeta Miguel Hernández
110 años de su nacimiento
¡VA POR USTED, MAESTRO!
Con profunda admiración y respeto
A dúo con Miguel

Yo quiero ser llorando el hortelano
de la tierra que ocupas y estercolas
quiero gritarle al viento de tu mano
beber la sangre amarga de tus olas
quiero vestir mi barca con tu vela
llenar mis alacenas con tus versos
disolverme en los brillos de tu estela
volcar, al corazón, tus universos
tristes guerras y tristes tus horrores
triste, triste, el suelo que no labras
tristes hombres si no mueren de amores
tristes armas si no son las palabras
quiero perder mi paso en tu sendero
compañero del alma, compañero

Chus Castro
 22/08/2020
A: MIGUEL HERNÁNDEZ.

Pastorcillo de Orihuela,
hijo ejemplar y poeta,
naciste un treinta de Octubre
de mil novecientos diez,
te hiciste pastor de cabras,
y con tu canto a Valencia,
premiaron tu arte y valor,
artista, bardo y cantor.
Inquieto, audaz, temerario,

te querías comer el tiempo,
eras llamado también:
"el hombre que desterró
a las sombras" y te vieron,
cruzar raudo por caminos,
por calles y por senderos,
con tus poemas, sufriendo.
Le persiguen, como a Lorca,
le sentencian, por ser miembro
del movimiento escritor
de poetas de aquel tiempo,
y le llevan a la cárcel,
con injusticias e inciertos,
le condenaron a muerte,
injustamente, eso es cierto.
Desde la cárcel escribe:
"Las nanas de las cebollas",
en esos versos le envía
valor y aliento a su esposa,
ellos se mueren de hambre,
el está solo y le asombra
la indiferencia y crueldad
del gobierno que lo acosa.
Le condenan finalmente,
a morir en la mazmorra,
el tifus hace su agosto,
Manuel, se acerca la hora,
de bajar hasta la tumba;
cinco y treinta, es de mañana,
el bardo muere en la cárcel,
la justicia lo declara:
ya post morten ...¡¡¡ inocente !!!.

AUTOR: JOSÉ RUEDA ARDILA.
DON SIERVO.
D.R.A.

Homenaje Mundial Virtual en Facebook a Miguel Hernández

El 30 de octubre de 1920, nació en Orihuela, España, el poeta y dramaturgo Miguel Hernández Gilabert. Tuvo especial relevancia en la literatura española del siglo xx. Hoy el mundo le rinde homenaje.

"El amor ascendía entre nosotros"
El amor ascendía entre nosotros
cómo luna entre las dos palmeras
que nunca se abrazaron.
El íntimo rumor de los dos cuerpos
hacia el arrullo un oleaje trajo
pero la ronca voz fue atenazada,
fueron pétreos los labios.
El ansia de ceñir movió la carne,
esclareció los huesos inflamados,
pero los brazos al querer tenderse
murieron en los brazos.
Pasó el amor, la luna entre nosotros
y devoró los cuerpos solitarios
y somos dos fantasmas que se buscan
y se encuentran lejanos.
Miguel Hernández

M.T.Díaz

Poemario: Sobre el Reloj del Tiempo
Homenaje al poeta universal
Miguel Hernández en su centenario
(2010) Autor: Antonio Ramírez Córdova (Puerto Rico)
1
Poeta partido en
mil pedazos de angustia.
Tus antiguos huertos,
aún sienten tu voz.
Poeta que sabía
del verde limón,
en el costado
de los hombres.
Hubo muchas señales
de decencia en tu alma,
de dignidad insaciable.
IV
Tu poesía es eterna,
en su cruz reiterada,
que no se aparta
de tu España.
La de los duros
sacrificios,
cada vez que se recuerda
la dura realidad,
de aquella guerra
de la noche
y el día,
sobre pájaros muertos.
V
Un poco más allá
de los grandes
árboles de la historia,
tal vez soñaste para ti,
y para todos
una España nueva,

que pudiera ser sol
por todas partes,
bajo el resplandor
del tiempo.

Antonio Ramírez Córdova

MIGUEL HERNÁNDEZ
La tierra de los olivos lloró,
los surcos se abrieron ante el dolor,
la muerte se adueñó del pedazo,
de suelo ajeno y fértil
y tu alma quedó prendida
en el sollozo de tu letra eterna.
Distancia secular,
aún cabalga la injusticia en dorado corcel,
sobre la tierra del olivo
o cualquiera otra a la vez.
Tristeza y dolor,
mas el viento trae recuerdo
de esperanza también,
plasmaste tus versos
en los talados árboles,
retoñando aún ahora
en los poetas errantes.
Duerme tranquilo,
duerme en paz
Miguel Hernández.

Aída Elena Ochoa Contreras
México, agosto 2020.

HOMENAJE A MIGUEL HERNÁNDEZ CONMEMORANDO EL 110 ANIVERSARIO DE SU NACIMIENTO.

"Subió tu voz a los montes,
a la cuna llegó tu canto
y al cielo voló tu ausencia
y a la tierra, tu quebranto.
Las tres heridas del alma,
los tres puñales del cuerpo,
las tres lunas de sangre.
Y las tres siguen hirviendo.
Amor, muerte y vida.
Amor en el corazón que late.
Muerte en cada palabra herida.
Vida, amor y muerte.
Las tres heridas de lo eterno.
Las tres vencen al tiempo."R.S. ©

**A Miguel Hernández, esencia y alma de la Poesía.
Autora: Rosario Santana Muñoz, desde Minas de
Riotinto (Huelva)**

110 años del nacimiento

Todavía
Hoy te escribo
enredando el viento del pueblo
en las agitadas mariposas
que coloran el camino blanco
que baja por el cañadón ardiente
y se pierde en su propio olor a aceitunas verdes.

Hoy te escribo
siguiendo la huella de tus pasos
de niño yuntero
amamantado a leche de cebolla cuarteada,
mojada de rocío,
blanca y jugosa en el surco terroso.

Todavía
el bulbo guarda el secreto,
el misterio de capas de escarcha,
de manos ennegrecidas de callos,
de trabajo a destajo por las cinturas del alba.

Se acordonan las plantas en el surco
un año y otro.
El follaje de una, tapa los tubérculos de la otra
en hileras uniformes
de cuerpos muertos con olor vibrante a vida
que se escapa por los cortes
y dispara la savia que redime,
la escasez del espíritu herido
oreándose al sol
en el blanco iridiscente
de un mediterráneo expectante.

Otra vez se prepara la tierra,
almácigos, trasplantes libres de malezas,
germinarán semillas, los bulbos darán crías
en hileras fijando el terreno suelto,
revuelto en alegorías de tiempos pasados.
Se aporcará la tierra,
la azadilla tapará los brotes.

Homenaje Mundial Virtual en Facebook a Miguel Hernández

Tú y yo sabemos que hay otros mundos posibles

de humildad inherente, de brazos fraternos,
de besos y caricias eternas.

Por las calles del pueblo
deambulan mares de oleajes bravíos
en las sombras planas de los pinos
cuando se incendia la siesta,
donde aún se balancean los sueños
de amores callados, de hijos libres de etiquetas
en un pleno vivir,
sin la manipulación de los otros,
con su cielo límpido sin laberintos ni engaños,
con una mesa tendida que albergue
el pan casero, los manjares de la huerta,
las guitarras y los cantos.

Pero todavía hablan de libertad,
aunque siga el cautiverio
en el vientre de ateridas mujeres
y hombres esclavos de dignidad olvidada.

Todavía esperan su regalo mis abarcas vacías.
Todavía nos hablan de libertad.
Todavía se atreven.

Norma González Peralta, Valencia,

Quejidos(a Miguel Hernández).

En su nacencia sin cuna, alza el vuelo en suspiros
Canta el poeta, el niño llora estremecido
Abriéndose paso a la vida, en inconsciente deseo
Donde van unidos de la mano, quejido y versos.
Con juegos de niñez transcurre feliz el tiempo
En papeles de estraza, con renglones infinitos
Un lápiz traza sus líneas en el erial de los sueños
Mientras en la lejanía se pierde, diluido el silencio.
Por los campos de Orihuela, pastoreaba los rebaños
Su zurrón encerraba tesoros, con libros de otros amos.
Garcilaso, Calderón, Góngora, Rubén Darío y Machado
Regaron con sabia nueva, su dormido abecedario.
Adolescencia quebrada, de un Miguel en desaliento
Con amores que encienden, pasiones de verdes sueños
De unos amores truncados y de otros amores nuevos
El de Josefina su mujer, apasionadamente eterno.
España estaba cansada de hambrunas y de silencio
El fusil y las trincheras hablaban de desencuentro
Aires del pueblo le llevan por unos nuevos derroteros
Clavel bermellón que estallara en otros doloridos cuerpos.
Y se extiende por la piel de cualquier niño juntero
En una tierra quebrada por la inquina y por el miedo.
Canta a esa espina que duele, el republicano rapsoda
Entre los páramos yermos y el angosto de la trinchera.
Repatriado en la frontera portuguesa, se le conmuta la
muerte
Para que no le llegue el odio, de la metralla que muerde
Del miedo que le encadena, sin paredes, ni grilletes
En una celda oscura, más oscura que la misma muerte.
Treinta años de prisión, tú tan sólo tres necesitabas
Para morir poco a poco, en tan situación precaria
Alimentando caracolas, con sonidos de mar y algas
Se fueron yendo tus pasos sin libertad ni esperanza.
Hasta allí llega la carta, de la impotencia que hiere

Del hijo desconsolado, de unos pechos que apenas pueden
Darle más alimento que las cebollas, en su desnutrida leche
Así comienza su nana tomando forma en su mente.
Guerra, cárcel, muerte, los tres motivos que encierra
Ese fatal desenlace, que son la pena y la ausencia
De los que tanto amaste, apasionado hijo de la naturaleza

No te llegaron los cantos del ruiseñor en la trena.
No te llegaron los versos escritos en pentagramas
Ni las risas de los niños se posaron en tu ventana apenas
floreció el naranjo ni libaste en colmenas
Tu cuerpo se sintió desnudo en medio de dos riberas.
La ausencia volvió al jazmín, a la higuera de tu huerta
A esos campos de heno, la montaña, las enredaderas
Se detuvo en el fusil, no en el ingrato, ni en las saetas
Más no cerraste te jamás los ojos, ante la muerte postrera.
Y te quedaste dormido en tu eterna primavera
El aire no tuvo miedo de clavarte sus espuelas
De desbocarte el corcel del sufrimiento y la pena
Triste y mil veces triste esta sangre que nos riega.
Quisiera hacerte una elegía como a Sije tú sintieras
Cavando la tierra desnuda, por besar tu calavera
Volverte a la vida en versos y si posible esto fuera
Renovarte cada día con la sabía de tus letras.
Vuélvete a los trinos, a las rosas, a la higuera de tu huerto
A las lágrimas del cielo lacerado y triste de mi pluma.
Tampoco yo perdono a la muerte enamorada, a la ausencia
A la tierra, a la vida desatenta, ni a la nada le perdono.
Vuélvete al camino de las rosas y a sus aladas almas
A la nata de tu almendro, pues hoy Miguel yo te requiero
"Que tenemos que hablar de muchas cosas
Compañero del alma, compañero".
Los poetas son, el viento del pueblo, la voz que clama
Manos que sienten y trabajan por la paz y la justicia
A través de los tiempos con sus rimas, prosas y versos
Intentando construir día a día un mundo mejor para todos.

Miguel Hernández, es un claro referente del amor por el pueblo y las letras en su estado puro.

María José Fernández Maestre.

Poemas de Miguel Hernández

- **ACEITUNEROS**
- **A MI HIJO**
- **CAMPESINO DE ESPAÑA**
- **CANCIÓN DEL ESPOSO SOLDADO**
- **DESPUÉS DEL AMOR**
- **EL NIÑO YUNTERO**
- **ELEGÍA**
- **ELEGÍA PRIMERA**
- **ELEGIA SEGUNDA**
- **LA VEJEZ EN LOS PUEBLOS**
- **NANAS DE LA CEBOLLA**
- **SENTADO SOBRE LOS MUERTOS**
- **VIENTOS DEL PUEBLO ME LLEVAN**

NANAS DE LA CEBOLLA

La cebolla es escarcha
cerrada y pobre:
escarcha de tus días
y de mis noches.
Hambre y cebolla:
hielo negro y escarcha
grande y redonda.

En la cuna del hambre
mi niño estaba.
Con sangre de cebolla
se amamantaba.
Pero tu sangre,
escarchada de azúcar,
cebolla y hambre.

Una mujer morena,
resuelta en luna,
se derrama hilo a hilo
sobre la cuna.
Ríete, niño,
que te tragas la luna
cuando es preciso.

Alondra de mi casa,
ríete mucho.
Es tu risa en los ojos
la luz del mundo.
Ríete tanto

que en el alma al oírte,
bata el espacio.

Tu risa me hace libre,
me pone alas.
Soledades me quita,
cárcel me arranca.
Boca que vuela,
corazón que en tus labios
relampaguea.

Es tu risa la espada
más victoriosa.
Vencedor de las flores
y las alondras.
Rival del sol.
Porvenir de mis huesos
y de mi amor.

La carne aleteante,
súbito el párpado,
el vivir como nunca
coloreado.
¡Cuánto jilguero
se remonta, aletea,
desde tu cuerpo!

Desperté de ser niño.
Nunca despiertes.
Triste llevo la boca.
Ríete siempre.

Siempre en la cuna,
defendiendo la risa
pluma por pluma.

Ser de vuelo tan alto,
tan extendido,
que tu carne parece
cielo cernido.
¡Si yo pudiera
remontarme al origen
de tu carrera!

Al octavo mes ríes
con cinco azahares.
Con cinco diminutas
ferocidades.
Con cinco dientes
como cinco jazmines
adolescentes.

Frontera de los besos
serán mañana,
cuando en la dentadura
sientas un arma.
Sientas un fuego
correr dientes abajo
buscando el centro.

Vuela niño en la doble
luna del pecho.
Él, triste de cebolla.

Tú, satisfecho.
No te derrumbes.
No sepas lo que pasa
ni lo que ocurre.

EL NIÑO YUNTERO

Carne de yugo, ha nacido
más humillado que bello,
con el cuello perseguido
por el yugo para el cuello.

Nace, como la herramienta,
a los golpes destinado,
de una tierra descontenta
y un insatisfecho arado.

Entre estiércol puro y vivo
de vacas, trae a la vida
un alma color de olivo
vieja ya y encallecida.

Empieza a vivir, y empieza
a morir de punta a punta
levantando la corteza
de su madre con la yunta.

Empieza a sentir, y siente
la vida como una guerra

y a dar fatigosamente
en los huesos de la tierra.

Contar sus años no sabe,
y ya sabe que el sudor
es una corona grave
de sal para el labrador.

Trabaja, y mientras trabaja
masculinamente serio,
se unge de lluvia y se alhaja
de carne de cementerio.

A fuerza de golpes, fuerte,
y a fuerza de sol, bruñido,
con una ambición de muerte
despedaza un pan reñido.

Cada nuevo día es
más raíz, menos criatura,
que escucha bajo sus pies
la voz de la sepultura.

Y como raíz se hunde
en la tierra lentamente
para que la tierra inunde
de paz y panes su frente.

Me duele este niño hambriento
como una grandiosa espina,
y su vivir ceniciento
resuelve mi alma de encina.

Lo veo arar los rastrojos,
y devorar un mendrugo,
y declarar con los ojos
que por qué es carne de yugo.

Me da su arado en el pecho,
y su vida en la garganta,
y sufro viendo el barbecho
tan grande bajo su planta.

¿Quién salvará a este chiquillo
menor que un grano de avena?
¿De dónde saldrá el martillo
verdugo de esta cadena?

Que salga del corazón
de los hombres jornaleros,
que antes de ser hombres son
y han sido niños yunteros.

ACEITUNEROS

Andaluces de Jaén,
aceituneros altivos,
decidme en el alma: ¿quién,
quién levantó los olivos?

No los levantó la nada,
ni el dinero, ni el señor,
sino la tierra callada,
el trabajo y el sudor.

Unidos al agua pura
y a los planetas unidos,
los tres dieron la hermosura
de los troncos retorcidos.

Levántate, olivo cano,
dijeron al pie del viento.
Y el olivo alzó una mano
poderosa de cimiento.

Andaluces de Jaén,
aceituneros altivos,
decidme en el alma: ¿quién
amamantó los olivos?

Vuestra sangre, vuestra vida,
no la del explotador
que se enriqueció en la herida
generosa del sudor.

No la del terrateniente
que os sepultó en la pobreza,
que os pisoteó la frente,
que os redujo la cabeza.

Árboles que vuestro afán
consagró al centro del día
eran principio de un pan
que sólo el otro comía.

¡Cuántos siglos de aceituna,
los pies y las manos presos,

sol a sol y luna a luna,
pesan sobre vuestros huesos!

Andaluces de Jaén,
aceituneros altivos,
pregunta mi alma: ¿de quién,
de quién son estos olivos?

Jaén, levántate brava
sobre tus piedras lunares,
no vayas a ser esclava
con todos tus olivares.

Dentro de la claridad
del aceite y sus aromas,
indican tu libertad
la libertad de tus lomas.

ELEGÍA

> *(En Orihuela, su pueblo y el mío, se
> me ha muerto como del rayo Ramón Sijé,
> con quien tanto quería).*

Yo quiero ser llorando el hortelano
de la tierra que ocupas y estercolas,
compañero del alma, tan temprano.

Alimentando lluvias, caracolas
y órganos mi dolor sin instrumento,
a las desalentadas amapolas

daré tu corazón por alimento.
Tanto dolor se agrupa en mi costado,
que por doler me duele hasta el aliento.

Un manotazo duro, un golpe helado,
un hachazo invisible y homicida,
un empujón brutal te ha derribado.

No hay extensión más grande que mi herida,
lloro mi desventura y sus conjuntos
y siento más tu muerte que mi vida.

Ando sobre rastrojos de difuntos,
y sin calor de nadie y sin consuelo
voy de mi corazón a mis asuntos.

Temprano levantó la muerte el vuelo,
temprano madrugó la madrugada,
temprano estás rodando por el suelo.

No perdono a la muerte enamorada,
no perdono a la vida desatenta,
no perdono a la tierra ni a la nada.

En mis manos levanto una tormenta
de piedras, rayos y hachas estridentes
sedienta de catástrofes y hambrienta.

Quiero escarbar la tierra con los dientes,
quiero apartar la tierra parte a parte
a dentelladas secas y calientes.

Quiero minar la tierra hasta encontrarte
y besarte la noble calavera
y desamordazarte y regresarte.

Volverás a mi huerto y a mi higuera:
por los altos andamios de las flores
pajareará tu alma colmenera

de angelicales ceras y labores.
Volverás al arrullo de las rejas
de los enamorados labradores.

Alegrarás la sombra de mis cejas,
y tu sangre se irán a cada lado
disputando tu novia y las abejas.

Tu corazón, ya terciopelo ajado,
llama a un campo de almendras espumosas
mi avariciosa voz de enamorado.

A las aladas almas de las rosas
del almendro de nata te requiero,
que tenemos que hablar de muchas cosas,
compañero del alma, compañero.

ELEGÍA PRIMERA

(A Federico García Lorca, poeta).

Atraviesa la muerte con herrumbrosas lanzas,
y en traje de cañón, las parameras
donde cultiva el hombre raíces y esperanzas,
y llueve sal, y esparce calaveras.

Verdura de las eras,
¿qué tiempo prevalece la alegría?
El sol pudre la sangre, la cubre de asechanzas
y hace brotar la sombra más sombría.

El dolor y su manto
vienen una vez más a nuestro encuentro.
Y una vez más al callejón del llanto
lluviosamente entro.

Siempre me veo dentro
de esta sombra de acíbar revocada,
amasado con ojos y bordones,
que un candil de agonía tiene puesto a la
entrada
y un rabioso collar de corazones.

Llorar dentro de un pozo,
en la misma raíz desconsolada
del agua, del sollozo,
del corazón quisiera:
donde nadie me viera la voz ni la mirada,
ni restos de mis lágrimas me viera.

Entro despacio, se me cae la frente
despacio, el corazón se me desgarra
despacio, y despaciosa y negramente
vuelvo a llorar al pie de una guitarra.

Entre todos los muertos de elegía,
sin olvidar el eco de ninguno,
por haber resonado más en el alma mía,
la mano de mi llanto escoge uno.

Federico García
hasta ayer se llamó: polvo se llama.
Ayer tuvo un espacio bajo el día
que hoy el hoyo le da bajo la grama.

¡Tanto fue! ¡Tanto fuiste y ya no eres!
Tu agitada alegría,
que agitaba columnas y alfileres,
de tus dientes arrancas y sacudes,
y ya te pones triste, y sólo quieres
ya el paraíso de los ataúdes.

Vestido de esqueleto,
durmiéndote de plomo,
de indiferencia armado y de respeto,
te veo entre tus cejas si me asomo.

Se ha llevado tu vida de palomo,
que ceñía de espuma
y de arrullos el cielo y las ventanas,

como un raudal de pluma
el viento que se lleva las semanas.

Primo de las manzanas,
no podrá con tu savia la carcoma,
no podrá con tu muerte la lengua del gusano,
y para dar salud fiera a su poma
elegirá tus huesos el manzano.

Cegado el manantial de tu saliva,
hijo de la paloma,
nieto del ruiseñor y de la oliva:
serás, mientras la tierra vaya y vuelva,
esposo siempre de la siempreviva,
estiércol padre de la madreselva.

¡Qué sencilla es la muerte: qué sencilla,
pero qué injustamente arrebatada!
No sabe andar despacio, y acuchilla
cuando menos se espera su turbia cuchillada.

Tú, el más firme edificio, destruido,
tú, el gavilán más alto, desplomado,
tú, el más grande rugido,
callado, y más callado, y más callado.

Caiga tu alegre sangre de granado,
como un derrumbamiento de martillos
feroces,
sobre quien te detuvo mortalmente.

Salivazos y hoces
caigan sobre la mancha de su frente.

Muere un poeta y la creación se siente
herida y moribunda en las entrañas.
Un cósmico temblor de escalofríos
mueve temiblemente las montañas,
un resplandor de muerte la matriz de los ríos.

Oigo pueblos de ayes y valles de lamentos,
veo un bosque de ojos nunca enjutos,
avenidas de lágrimas y mantos:
y en torbellino de hojas y de vientos,
lutos tras otros lutos y otros lutos,
llantos tras otros llantos y otros llantos.

No aventarán, no arrastrarán tus huesos,
volcán de arrope, trueno de panales,
poeta entretejido, dulce, amargo,
que al calor de los besos
sentiste, entre dos largas hileras de puñales,
largo amor, muerte larga, fuego largo.

Por hacer a tu muerte compañía,
vienen poblando todos los rincones
del cielo y de la tierra bandadas de armonía,
relámpagos de azules vibraciones.
Crótalos granizados a montones,
batallones de flautas, panderos y gitanos,
ráfagas de abejorros y violines,

tormentas de guitarras y pianos,
irrupciones de trompas y clarines.

Pero el silencio puede más que tanto
instrumento.

Silencioso, desierto, polvoriento
en la muerte desierta,
parece que tu lengua, que tu aliento,
los ha cerrado el golpe de una puerta.

Como si paseara con tu sombra,
paseo con la mía
por una tierra que el silencio alfombra,
que el ciprés apetece más sombría.

Rodea mi garganta tu agonía
como un hierro de horca
y pruebo una bebida funeraria.
Tú sabes, Federico García Lorca,
que soy de los que gozan una muerte diaria

ELEGÍA SEGUNDA

A Pablo de la Torriente, comisario político

«Me quedaré en España compañero»,
me dijiste con gesto enamorado.

Y al fin sin tu edificio trotante de guerrero
en la hierba de España te has quedado.

Nadie llora a tu lado:
desde el soldado al duro comandante,
todos te ven, te cercan y te atienden
con ojos de granito amenazante,
con cejas incendiadas que todo el cielo
encienden.

Valentín el volcán, que si llora algún día
será con unas lágrimas de hierro,
se viste emocionado de alegría
para robustecer el río de tu entierro.

Como el yunque que pierde su martillo,
Manuel Moral se calla
colérico y sencillo.

Y hay muchos capitanes y muchos comisarios
quitándote pedazos de metralla,
poniéndote trofeos funerarios.

Ya no hablarás de vivos y de muertos,
ya disfrutas la muerte del héroe, ya la vida
que no te verá en las calles ni en los puertos
pasar como una ráfaga garrida.

Pablo de la Torriente,
has quedado en España

y en mi alma caído:
nunca se pondrá el sol sobre tu frente,
heredará tu altura la montaña
y tu valor el toro del bramido.

De una forma vestida de preclara
has perdido las plumas y los besos,
con el sol español puesto en la cara
y el de Cuba en los huesos.

Pasad ante el cubano generoso,
hombres de su Brigada,
con el fusil furioso,
las botas iracundas y la mano crispada.

Miradlo sonriendo a los terrones
y exigiendo venganza bajo sus dientes mudos
a nuestros más floridos batallones
y a sus varones como rayos rudos.

Ante Pablo los días se abstienen ya y no
andan.
No temáis que se extinga su sangre sin objeto,
porque éste es de los muertos que crecen y se
agrandan
aunque el tiempo devaste su gigante
esqueleto.

VIENTOS DEL PUEBLO

Vientos del pueblo me llevan,
vientos del pueblo me arrastran,
me esparcen el corazón
y me aventan la garganta.

Los bueyes doblan la frente,
impotentemente mansa,
delante de los castigos:
los leones la levantan
y al mismo tiempo castigan
con su clamorosa zarpa.

No soy un de pueblo de bueyes,
que soy de un pueblo que embargan
yacimientos de leones,
desfiladeros de águilas
y cordilleras de toros
con el orgullo en el asta.
Nunca medraron los bueyes
en los páramos de España.

¿Quién habló de echar un yugo
sobre el cuello de esta raza?
¿Quién ha puesto al huracán
jamás ni yugos ni trabas,
ni quién al rayo detuvo
prisionero en una jaula?

Asturianos de braveza,
vascos de piedra blindada,
valencianos de alegría
y castellanos de alma,
labrados como la tierra
y airosos como las alas;
andaluces de relámpagos,
nacidos entre guitarras
y forjados en los yunques
torrenciales de las lágrimas;
extremeños de centeno,
gallegos de lluvia y calma,
catalanes de firmeza,
aragoneses de casta,
murcianos de dinamita
frutalmente propagada,
leoneses, navarros, dueños
del hambre, el sudor y el hacha,
reyes de la minería,
señores de la labranza,
hombres que entre las raíces,
como raíces gallardas,
vais de la vida a la muerte,
vais de la nada a la nada:
yugos os quieren poner
gentes de la hierba mala,
yugos que habéis de dejar
rotos sobre sus espaldas.

Crepúsculo de los bueyes
está despuntando el alba.

Los bueyes mueren vestidos
de humildad y olor de cuadra;
las águilas, los leones
y los toros de arrogancia,
y detrás de ellos, el cielo
ni se enturbia ni se acaba.
La agonía de los bueyes
tiene pequeña la cara,
la del animal varón
toda la creación agranda.

Si me muero, que me muera
con la cabeza muy alta.
Muerto y veinte veces muerto,
la boca contra la grama,
tendré apretados los dientes
y decidida la barba.

A MI HIJO

Te has negado a cerrar los ojos, muerto mío,
abiertos ante el cielo como dos golondrinas:
su color coronado de junios, ya es rocío
alejándose a ciertas regiones matutinas.

Hoy, que es un día como bajo la tierra,
oscuro,
como bajo la tierra, lluvioso, despoblado,
con la humedad sin sol de mi cuerpo futuro,
como bajo la tierra quiero haberte enterrado.

Desde que tú eres muerto no alientan las
mañanas,
al fuego arrebatadas de tus ojos solares:
precipitado octubre contra nuestras ventanas,
diste paso al otoño y anocheció los mares.

Te ha devorado el sol, rival único y hondo
y la remota sombra que te lanzó encendido;
te empuja luz abajo llevándote hasta el fondo,
tragándote; y es como si no hubieras nacido.

Diez meses en la luz, redondeando el cielo,
sol muerto, anochecido, sepultado, eclipsado.
Sin pasar por el día se marchitó tu pelo;
atardeció tu carne con el alba en un lado.

El pájaro pregunta por ti, cuerpo al oriente,
carne naciente al alba y al júbilo precisa;
niño que sólo supo reír, tan largamente,
que sólo ciertas flores mueren con tu sonrisa.

Ausente, ausente, ausente como la
golondrina,
ave estival que esquiva vivir al pie del hielo:
golondrina que a poco de abrir la pluma fina,
naufraga en las tijeras enemigas del vuelo.

Flor que no fue capaz de endurecer los
dientes,
de llegar al más leve signo de la fiereza.

Vida como una hoja de labios incipientes,
hoja que se desliza cuando a sonar empieza.

Los consejos del mar de nada te han valido...
Vengo de dar a un tierno sol una puñalada,
de enterrar un pedazo de pan en el olvido,
de echar sobre unos ojos un puñado de nada.

Verde, rojo, moreno; verde, azul y dorado;
los latentes colores de la vida, los huertos,
el centro de las flores a tus pies destinado,
de oscuros negros tristes, de graves blancos
yertos.

Mujer arrinconada: mira que ya es de día.
(¡Ay, ojos sin poniente por siempre en la
alborada!)
Pero en tu vientre, pero en tus ojos, mujer
mia,
la noche continúa cayendo desolada.

CANCIÓN DEL ESPOSO SOLDADO

He poblado tu vientre de amor y sementera,
he prolongado el eco de sangre a que
respondo
y espero sobre el surco como el arado espera:
he llegado hasta el fondo.

Morena de altas torres, alta luz y ojos altos,
esposa de mi piel, gran trago de mi vida,
tus pechos locos crecen hacia mí dando saltos
de cierva concebida.

Ya me parece que eres un cristal delicado,
temo que te me rompas al más leve tropiezo,
y a reforzar tus venas con mi piel de soldado
fuera como el cerezo.

Espejo de mi carne, sustento de mis alas,
te doy vida en la muerte que me dan y no
tomo.
Mujer, mujer, te quiero cercado por las balas,
ansiado por el plomo.

Sobre los ataúdes feroces en acecho,
sobre los mismos muertos sin remedio y sin
fosa
te quiero, y te quisiera besar con todo el
pecho
hasta en el polvo, esposa.

Cuando junto a los campos de combate te
piensa
mi frente que no enfría ni aplaca tu figura,
te acercas hacia mí como una boca inmensa
de hambrienta dentadura.

Escríbeme a la lucha, siénteme en la
trinchera:

aquí con el fusil tu nombre evoco y fijo,
y defiendo tu vientre de pobre que me espera,
y defiendo tu hijo.

Nacerá nuestro hijo con el puño cerrado
envuelto en un clamor de victoria y guitarras,
y dejaré a tu puerta mi vida de soldado
sin colmillos ni garras.

Es preciso matar para seguir viviendo.
Un día iré a la sombra de tu pelo lejano,
y dormiré en la sábana de almidón y de
estruendo
cosida por tu mano.

Tus piernas implacables al parto van
derechas,
y tu implacable boca de labios indomables,
y ante mi soledad de explosiones y brechas
recorres un camino de besos implacables.

Para el hijo será la paz que estoy forjando.
Y al fin en un océano de irremediables huesos
tu corazón y el mío naufragarán, quedando
una mujer y un hombre gastados por los
besos.

DESPUÉS DEL AMOR

No pudimos ser. La tierra
no pudo tanto. No somos
cuanto se propuso el sol
en un anhelo remoto.
Un pie se acerca a lo claro.
En lo oscuro insiste el otro.
Porque el amor no es perpetuo
en nadie, ni en mí tampoco.
El odio aguarda su instante
dentro del carbón más hondo.
Rojo es el odio y nutrido.

El amor, pálido y solo.

Cansado de odiar, te amo.
Cansado de amar, te odio.

Llueve tiempo, llueve tiempo.
Y un día triste entre todos,
triste por toda la tierra,
triste desde mí hasta el lobo,
dormimos y despertamos
con un tigre entre los ojos.

Piedras, hombres como piedras,
duros y plenos de encono,
chocan en el aire, donde
chocan las piedras de pronto.

Soledades que hoy rechazan
y ayer juntaban sus rostros.
Soledades que en el beso
guardan el rugido sordo.
Soledades para siempre.
Soledades sin apoyo.

Cuerpos como un mar voraz,
entrechocado, furioso.

Solitariamente atados
por el amor, por el odio.
Por las venas surgen hombres,
cruzan las ciudades, torvos.

En el corazón arraiga
solitariamente todo.
Huellas sin compaña quedan
como en el agua, en el fondo.

Sólo una voz, a lo lejos,
siempre a lo lejos la oigo,
acompaña y hace ir
igual que el cuello a los hombros.

Sólo una voz me arrebata
este armazón espinoso
de vello retrocedido
y erizado que me pongo.

Los secos vientos no pueden
secar los mares jugosos.
Y el corazón permanece
fresco en su cárcel de agosto
porque esa voz es el arma
más tierna de los arroyos:

«Miguel: me acuerdo de ti
después del sol y del polvo,
antes de la misma luna,
tumba de un sueño amoroso».

Amor: aleja mi ser
de sus primeros escombros,
y edificándome, dicta
una verdad como un soplo.

Después del amor, la tierra.
Después de la tierra, todo.

SENTADO SOBRE LOS MUERTOS

Sentado sobre los muertos
que se han callado en dos meses,
beso zapatos vacíos
y empuño rabiosamente

la mano del corazón
y el alma que lo sostiene.

Que mi voz suba a los montes
y baje a la tierra y truene,
eso pide mi garganta
desde ahora y desde siempre.

Acércate a mi clamor,
pueblo de mi misma leche,
árbol que con tus raíces
encarcelado me tienes,
que aquí estoy yo para amarte
y estoy para defenderte
con la sangre y con la boca
como dos fusiles fieles.

Si yo salí de la tierra,
si yo he nacido de un vientre
desdichado y con pobreza,
no fue sino para hacerme
ruiseñor de las desdichas,
eco de la mala suerte,
y cantar y repetir
a quien escucharme debe
cuanto a penas, cuanto a pobres,
cuanto a tierra se refiere.

Ayer amaneció el pueblo
desnudo y sin qué comer,
y el día de hoy amanece

justamente aborrascado
y sangriento justamente.
En su mano los fusiles
leones quieren volverse:
para acabar con las fieras
que lo han sido tantas veces.

Aunque le faltan las armas,
pueblo de cien mil poderes,
no desfallezcan tus huesos,
castiga a quien te malhiere
mientras que te queden puños,
uñas, saliva, y te queden
corazón, entrañas, tripas,
cosas de varón y dientes.
Bravo como el viento bravo,
leve como el aire leve,
asesina al que asesina,
aborrece al que aborrece
la paz de tu corazón
y el vientre de tus mujeres.
No te hieran por la espalda,
vive cara a cara y muere
con el pecho ante las balas,
ancho como las paredes.

Canto con la voz de luto,
pueblo de mí, por tus héroes:
tus ansias como las mías,
tus desventuras que tienen
del mismo metal el llanto,

las penas del mismo temple,
y de la misma madera
tu pensamiento y mi frente,
tu corazón y mi sangre,
tu dolor y mis laureles.
Antemuro de la nada
esta vida me parece.

Aquí estoy para vivir
mientras el alma me suene,
y aquí estoy para morir,
cuando la hora me llegue,
en los veneros del pueblo
desde ahora y desde siempre.
Varios tragos es la vida
y un solo trago es la muerte.

CAMPESINO DE ESPAÑA

Traspasada por junio,
por España y la sangre,
se levanta mi lengua
con clamor a llamarte.

Campesino que mueres,
campesino que yaces
en la tierra que siente
no tragar alemanes,
no morder italianos:

español que te abates
con la nuca marcada
por un yugo infamante,
que traicionas al pueblo
defensor de los panes:
campesino, despierta,
español, que no es tarde.

Calabozos y hierros,
calabozos y cárceles,
desventuras, presidios,
atropellos y hambres,
eso estás defendiendo,
no otra cosa más grande.
Perdición de tus hijos,
maldición de tus padres,
que doblegas tus huesos
al verdugo sangrante,
que deshonras tu trigo,
que tu tierra deshaces,
campesino, despierta,
español, que no es tarde.

Retroceden al hoyo
que se cierra y se abre,
por la fuerza del pueblo
forjador de verdades,
escuadrones del crimen,
corazones brutales,
dictadores del polvo,
soberanos voraces.

Con la prisa del fuego,
en un mágico avance,
un ejército férreo
que cosecha gigantes
los arrastra hasta el polvo,
hasta el polvo los barre.

No hay quien sitie la vida,
no hay quien cerque la sangre
cuando empuña sus alas
y las clava en el aire.

La alegría y la fuerza
de estos músculos parte
como un hondo y sonoro
manantial de volcanes.

Vencedores seremos,
porque somos titanes
sonriendo a las balas
y gritando: *¡Adelante!*
La salud de los trigos
sólo aquí huele y arde.

De la muerte y la muerte
sois: de nadie y de nadie.
De la vida nosotros,
del sabor de los árboles.

Victoriosos saldremos
de las fúnebres fauces,
remontándonos libres
sobre tantos plumajes,
dominantes las frentes,
el mirar dominante,
y vosotros vencidos
como aquellos cadáveres.

Campesino, despierta,
español, que no es tarde.
A este lado de España
esperamos que pases:
que tu tierra y tu cuerpo
la invasión no se tragu

Estaciones